اقبال شناسی: کچھ تجزیے

(مضامین)

مرتبہ:

سید حیدرآبادی

© Taemeer Publications LLC

Iqbal Shanasi - Kuch Tajziye

by: Syed Hyderabadi

Edition: July '2024
Publisher :
Taemeer Publications LLC (Michigan, USA / Hyderabad, India)

ISBN 978-93-5872-932-0

مرتب یا ناشر کی پیشگی اجازت کے بغیر اس کتاب کا کوئی بھی حصہ کسی بھی شکل میں بشمول ویب سائٹ پر اَپ لوڈنگ کے لیے استعمال نہ کیا جائے۔ نیز اس کتاب پر کسی بھی قسم کے تنازع کو نمٹانے کا اختیار صرف حیدرآباد (تلنگانہ) کی عدلیہ کو ہو گا۔

©تعمیر پبلی کیشنز

کتاب	:	**اقبال شناسی : کچھ تجزیے** (مضامین)
مرتب	:	**سید حیدرآبادی**
صنف	:	تحقیق و تنقید
ناشر	:	تعمیر پبلی کیشنز (حیدرآباد، انڈیا)
سالِ اشاعت	:	۲۰۲۴ء
صفحات	:	۹۸
سرورق ڈیزائن	:	تعمیر ویب ڈیزائن

فہرست

(۱) مجلہ الذبیر اور اقبال شناسی کی روایت	محمد احمد طرازی	6
(۲) اقبال شناسی عالمِ عرب میں	---	11
(۳) اردو میں اقبال شناسی کی روایت	فاطمہ کاظم	19
(۴) اقبال شناسی: ایک جائزہ	حمیرا جمیل / طاہر عباس طیب	29
(۵) یوسف حسین خان کی اقبال شناسی	امتیاز احمد ملک	50
(۶) وقار عظیم کی اقبال شناسی	آزاد ایوب بٹ	58
(۷) اقبال شناسی کی نئی سرزمین: جاپان	معین الدّین عقیل	66
(۸) اقبال شناسی چند معروضات	عابد قریشی	80
(۹) معاصر صورتحال میں اقبال شناسی کے تقاضے	ذکاء اللہ خان	76
(۱۰) ٹیگور اور اقبال: جذبۂ حب الوطنی اور مسئلہ قومیت	نوشاد منظر	79
(۱۱) اقبال شناسی کا بحران	خورشید ندیم	95

مجلہ الذبیر اور اقبال شناسی کی روایت

محمد احمد طرازی

حضرت اقبال برصغیر کے عظیم شاعر، مفکر اور مصلح ہیں جنہوں نے اپنے عمیق خیالات اور انقلابی افکار کے اظہار کے لیے بیک وقت اردو فارسی اور انگریزی زبان کو وسیلہ ءاظہار بنایا۔ ان کی شاعری اردو اور فارسی میں جبکہ خطبات اور مقالات انگریزی میں موجود ہیں۔ جبکہ انہوں نے مکاتیب اردو زبان میں لکھے۔ ان کا فکر و فلسفہ محض شاعرانہ خیال یا فلسفیانہ تصور نہیں بلکہ ایک واضح حکمت عملی کا درجہ رکھتا ہے۔ اقبال مفکرِ اسلام، حکیم الامت، شاعر مشرق، دانائے راز، ترجمانِ خودی اور نجانے کتنے ہی خطابات والقاب کے حق دار ہیں۔ ہر فرد اور ہر طبقے کا اپنا اقبال، وہی اقبال، جس نے پوری دنیائے ادب اور فکری رویوں کو متاثر کیا۔ وہی اقبال جو دنیا بھر میں اردو بولنے والوں کی نہ صرف پہچان ہے بلکہ فخر و ناز کا باعث بھی ہے۔ اسی نے قوم کو پستیوں سے نکال کر خود شناسی کا پیغام دیا۔

حضرت اقبال تاریخ فکر و ادب کی ان چند شخصیات میں سے ایک ہیں جن کی زندگی میں ہی ان کے شعری و فکری افکار کو قومی اور عالمی سطح پر پذیرائی حاصل ہوئی۔ اقبال کے فکر کی تازگی بلند آہنگی اور انقلابی رنگ نے سارے زمانے کو اپنی طرف متوجہ کیا اور اس کے فکر و شعر کی تفہیم کا عمل شروع ہوا جس سے اختلاف اور اکتساب کے دروازے

کھلے۔ یوں ایک ایسی روایت کا آغاز ہوا جو جلد ہی بر صغیر کی جغرافیائی حدود پار کر کے چار دانگ عالم میں پھیلی پروان چڑھی اور مستحکم ہوتی چلی گئی۔ اقبال فہمی کے اس روایت میں مشرق و مغرب کے نامور محققین اور ناقدین کی ایک بڑی تعداد نے اپنے انداز سے شرکت کی۔ دراصل اقبال فہمی ایک علمی روایت ہے جس کی بنیاد میں حیات و افکار اقبال کی تفہیم کے سلسلہ میں کی جانے والی اب تک کی تمام کاوشیں شامل ہیں۔ اس سے نہ صرف اقبال کے فکر و فلسفہ اور نظریات کو سمجھنے اور یہ جاننے میں مدد ملتی ہے کہ خود اقبال اپنے بارے میں کیا کہتے ہیں؟ اپنی اور شاعری میں وہ کیا پیغام دیتے ہیں؟

حضرت اقبال کی زندگی میں ان پر جو کچھ لکھا گیا ہے۔ جس کی نوعیت زیادہ تر ستائشی اور جذباتی تھی۔ البتہ ان کی وفات کے بعد ارباب فکر و نظر تنقیدی انداز میں اقبال کو اپنی تحریروں اور تصانیف کو موضوع بنانے لگے۔ ان میں سے کچھ نے اقبال کے سوانحی حالات کو موضوع بنایا اور کچھ نے اقبال کے فکر و فلسفہ ہر توجہ دی۔ اسی طرح خاصی تعداد میں تحریریں اور تصانیف وجود میں آتی گئیں۔ آج دنیائے علم وادب، فلسفہ و سائنس اور تاریخ و سیاست میں اقبال ایک ایسی منفرد حیثیت حاصل کر چکے ہیں کہ مشرق و مغرب ان کی عظمت کے قائل ہیں۔ ڈاکٹر سلیم اختر اقبال کو "ممدوح عالم" قرار دیتے ہیں ہوئے لکھتے ہیں "آج کی تمام مہذب دنیا اقبال کے نام اور افکار سے واقفیت رکھتی ہے۔"

اقبالیات اور اقبال شناسی یہ وہ دو طریقے ہیں جو فکر اقبال کی تفہیم کے لیے اپنائے جاتے ہیں۔ "اقبالیات" ایک شعبہ علم ہے، جس میں اوّل اقبال کی شعری و فکری تصانیف اور مقالات و مکاتیب و بیانات شامل ہیں اور دوم ایسی تمام تحریرات و تحقیقات جو حیات و تصانیف اقبال کے تشریحی و توضیحی اور تنقیدی مطالعات پر مبنی ہے جبکہ " اقبال شناسی" میں موجود لفظ "شناس" وضاحت کا متقاضی ہے۔ اقبال شناسی وہ علمی روایت ہے جس کی

بنیاد حیات و افکار اقبال کی تفہیم کے سلسلہ میں کی جانے والی اب تک کی کاوشوں کو قرار دیا جاتا ہے۔ اور اقبال شناسی کی روایت سے وابستہ اہل علم کو اقبال شناس، اقبال سکالر یا ماہر اقبال کہا جاتا ہے۔

پاکستان میں اقبال شناسی کے فروغ میں مختلف درسگاہوں کے اساتذہ کے ساتھ جرائد ورسائل کا بھی کردار نہایت اہم رہا ہے جنہوں نے کلام و افکار اقبال کے ساتھ اپنی دلچسپی اور وابستگی کو اپنے قارئین کے دلوں میں جاگزیں کیا اور اس سلسلے کو آگے بڑھانے کا ذریعہ بنے۔ مجلہ "الذبیر" اس حوالے سے اپنا نمایاں اور منفرد مقام رکھتا ہے۔

اقبال کون ہیں ؟ اقبال شاعر امروز، نابغہ روزگار، عالمی مفکر و مدبر، حکیم ملت، ترجمان حقیقت، دانائے راز، گنبد خضرا کے شیدائی، دینی علوم کے بحر بیکراں، تصور پاکستان کے خالق، مسلمانان برصغیر پاک و ہند کے غم خوار، رفعت خیال و قوت، بصیرت اور اعلیق ذوق عمل کے بہترین عکاس، قائد کے مدبر دوست۔ اقبال کی شخصیت کی شناخت صرف یہیں ختم نہیں ہو جاتی بلکہ اس کے کہیں بڑھ کر اقبال خودی کے پیامبر، محبت و یگانگت کے حسین پیکر، عقل و شعور کے مینارہ نور، ایک شفیق باپ، ایک باوفا شوہر، وغیرہ، وغیرہ جیسی اقبال شناسی جیسی آگاہی میں مجلہ "الذبیر" کا کردار کسی طور نظر انداز نہیں کیا جا سکتا۔

یوں تو فکر اقبال کی ترسیل و تعارف میں ادبی جرائد کا کردار ابتداء سے نہایت اہم رہا۔ مگر "مجلہ الذبیر اور اقبال شناسی کی روایت" کی ایک خاصیت یہ ہے کہ اس میں شامل تمام مقالات مختلف رسائل سے نہیں بلکہ "الذبیر" میں شائع شدہ ہیں۔ اقبال شناسی میں یہ بہترین مقالات کا انتخاب اقبال کی شاعری، فکر اور تنقید کی جامعیت و وسعت کا ایسا

حسین مرقع ہے جو اقبال شناسوں کے لیے متنوع موضوعات لیے ہوئے ہے۔ اور اس میں شامل مقالات شائقین اقبال کے ساتھ ساتھ محققین اور ناقدین کے لیے دلچسپی کا باعث اور تفہیم اقبال کے حوالے سے اقبال کی شخصیت اور فکروفن کی کثیر الجہات زاویوں سے آشنائی میں معاون ثابت ہونگے۔

"مجلہ الذبیر اور اقبال شناسی کی روایت" کے مرتب ہمارے محترم و مربی جناب ڈاکٹر سید شاہد حسن رضوی صاحب بر عظیم کے عظیم صحافی و مورخ سید مسعود حسن شہاب دہلوی کے صاحبزادے اور ان کے علمی ورثہ کے امین ہیں۔ ڈاکٹر صاحب ۱۹۸۳ء سے ۲۰۱۷ء تک یونیورسٹی سروس میں رہے اور آپ نے اسلامیہ یونی ورسٹی بہاولپور میں کم و بیش ۳۵ سال خدمات انجام دیں اورآپ ۲۰۱۲ء سے ۲۰۱۷ء تک شعبہ تاریخ کے سربراہ رہے۔ آپ کے ۵۰ سے زائد علمی و تحقیقی مقالہ جات مختلف جرائد و رسائل میں شائع ہوچکے ہیں اس کے علاوہ "طنز و مزاح کا تنقیدی افق" اور " ہے سفر مطلوب کہیں" جیسی معروف کتابیں آپ کی تصانیف میں شامل ہیں۔ ڈاکٹر صاحب کے مضامین اکثر و بیشتر قومی اخبارات کی زینت بنتے رہتے ہیں جن میں علاقائی تاریخ و ثقافت کا پہلو نمایاں ہوتا ہے۔ اس وقت ڈاکٹر شاہد حسن رضوی صاحب "مکتبہ الہام" اور "اردو اکیڈمی" بہاولپور کے روح رواں ہیں اور ۵۰ سے زائد کتب و ۲۰ کے قریب خاص شمارے آپ کی سرپرستی میں اکیڈمی کے پلیٹ فارم سے شائع ہوچکے ہیں۔

ڈاکٹر شاہد حسن رضوی صاحب ۱۹۹۰ء سے سہ ماہی "الذبیر" کے بھی مدیر اعلٰی ہیں جو ۱۹۵۹ء سے تاحال جاری و ساری ہے۔ الذبیر اپنے خاص نمبرز کی اشاعت کی وجہ سے قومی رسائل میں اپنا ایک منفرد مقام رکھتا ہے اس کے خاص نمبرز میں "آپ بیتی نمبر، جنگ آزادی نمبر، کتب خانے نمبر، سفر نامہ نمبر خواجہ فرید نمبر اور بہاولپور نمبر کے نام سرِ

فہرست ہیں۔ الذبیر ایک اکیڈمک ریسرچ جنرل ہے جو اردو زبان وادب کے ساتھ ساتھ تاریخ وصحافت اور سماجیات کے فروغ کیلئے کوشاں ہے۔

"مجلہ الذبیر اور اقبال شناسی کی روایت" کے حوالے سے ہم اِس شاندار علمی کوشش وکاوش پر جناب ڈاکٹر صاحب کو مبارکباد پیش کرتے ہیں۔ اور دعا گو ہیں کہ ربّ کریم آپ کے علم و عمل اور عمر عزیز میں خیر وبرکت عطا فرمائے۔ جناب ڈاکٹر شاہد حسن رضوی صاحب نے ہمیشہ اپنی محبت اور علمی سرپرستی سے نوازہ ہے۔ "مجلہ الذبیر اور اقبال شناسی کی روایت" اسی کرم فرمائی کا مظہر ہے، جس پر ہم دل سے مشکور ہیں۔ اللہ کریم انہیں صحت وعافیت اور آسانی وفراوانی کے ساتھ سلامت رکھے۔ آمین

***

اقبال شناسی عالمِ عرب میں

علامہ اقبال کو جو عالمی شہرت دوام اور قبول عام کی سند حاصل ہوئی وہ بہت کم شعراء وادباء کے حصے میں آتی ہے۔ عالمی زبانوں میں علامہ اقبال کے فکر وفن پر جس قدر خامہ فرسائی کی گئی اتنا بہت کم شعراء وادباء کے فکر وفن پر لکھا گیا۔ دنیا کی دیگر عالمی زبانوں کی طرح عربی میں بھی اقبال پر سیر حاصل بحث ہوئی ہے۔ یہ الگ بات ہے کہ پہلے اقبال نے عربوں کو جانا پھر عربوں نے اقبال کو۔ اقبال عربی زبان سے نا آشنا نہیں تھے۔ انہوں نے عربی کی بھی تعلیم حاصل کی تھی اور چار سال تک اورینٹل کالج لاہور میں اور لندن میں قیام کے دوران کچھ مہینے لندن یونیورسٹی میں عربی پڑھانے کی انہیں سعادت حاصل ہوئی تھی۔ عربی ادبیات خاص طور سے عربی شاعری سے انہیں بہت شغف تھا۔ دیوان متنبی اور دیوان حماسہ انہوں نے پڑھا تھا اور بہت سارے عربی اشعار انہیں ازبر تھے اور ہندوستان میں عربی زبان کی نشر واشاعت کی تمنا کرتے تھے۔ نقوش اقبال کے مطابق علامہ نے مولانا علی میاں سے ایک ملاقات میں بتایا تھا کہ انہوں نے ہندوستان کے مختلف امراء کی توجہ ہندوستان میں عربی زبان وادب کی نشر واشاعت کی طرف مبذول کرائی ہے۔ انہیں عربوں سے بھی بے انتہا عقیدت ومحبت اور انسیت تھی اسی لیے ان کی شاعری میں عربوں کے مسائل وموضوعات کی گھن گرج سنائی دیتی ہے۔ عربوں سے

بے انتہا شغف، عقیدت و محبت اور لگاؤ کے باوجود انہوں نے مصر اور فلسطین کے سوا کسی دوسرے عرب ملک کا سفر نہیں کیا۔ حجاز کی محبت میں وہ سرشار تھے۔ بے شمار اشعار بھی انہوں نے حجاز کے حوالے سے کہے۔ ارمغان حجاز ان کے ایک شعری مجموعے کا نام بھی ہے مگر حجاز کا سفر انہیں جسمانی طور سے حاصل نہیں ہو سکا۔ مصری ادیب سمیر عبد الحمید کے مطابق ۱۹۰۵ء میں عدن (یمن) اور پورٹ سعید (مصر) کے راستے انگلینڈ جاتے ہوئے علامہ نے پورٹ سعید میں قیام کیا۔ چند مدارس و مساجد کی زیارت کی اور مصر کے حاکم شاہ فاروق کو ایک خط بھی لکھا جو ایک سطر پر مشتمل تھا۔ اس خط میں علامہ نے شاہ فاروق کو حضرت عمر فاروق کی مشابہت کی تلقین کی۔ علامہ کا کسی عربی ملک کا یہ پہلا سفر تھا۔ اس کے بعد ۱۹۳۱ء میں مسجد اقصیٰ میں پہلی اسلامی کانفرنس کے انعقاد کے موقعے پر اسکندریہ کی جمعیۃ الشبان المسلمین نے علامہ کے اعزاز و تکریم میں ایک پروگرام کا انعقاد کیا۔ مشہور مصری عالم و ادیب اور شاعر ڈاکٹر عبد الوہاب عزام نے اپنے استاذ عبد الوہاب نجار کے حکم کی تعمیل میں علامہ کا تعارف کرایا۔

ڈاکٹر عبد الوہاب عزام کہتے ہیں کہ جب وہ لندن میں تھے تو انہوں نے اقبال کا نام سنا تھا اور یورپی مجلات میں ان کے بارے میں پڑھا تھا۔ اس کے بعد انہوں نے "پیام مشرق" پڑھا اور اقبال کے گرویدہ ہو گئے۔ اپنی خلوت میں اقبال کے بارے میں سوچتے تو اپنی جلوت میں ان کے فکر و فن پر گفتگو کرتے۔ مجلہ الرسالہ میں انہوں نے اقبال کے حوالے سے متعدد مضامین لکھے۔ علامہ کے اشعار کا ترجمہ شائع کرایا اور انہیں عالم عرب سے روشناس کرانے میں کوئی دقیقہ فروگذاشت نہیں کیا۔ یوں عبد الوہاب عزام پہلے عربی عالم، ادیب اور شاعر ہیں جنہوں نے اقبال کو عالم عرب میں متعارف کرایا اور خود ایک اقبال شناس کی حیثیت سے منظر عام پر آئے۔ ۱۹۳۶ء میں انہوں نے اللمعات کے عنوان

سے ایک نظم لکھنی شروع کی جسے انہوں نے علامہ کے نام منسوب کیا۔ عبدالوہاب عزام کو عربی فارسی انگریزی اور ترکی زبانوں پر قدرت حاصل تھی۔ فردوسی پر انہوں نے ڈاکٹریٹ کا مقالہ سپرد قلم کیا تھا اور شاہنامے کا عربی میں ترجمہ بھی کیا تھا۔ اردو اور فارسی پر عبور حاصل ہونے کی وجہ سے انہوں نے اقبال کے فکروفن کو مکمل طور سے سمجھا اور "ضرب کلیم، پیام مشرق، اسرار خودی اور اسرار بے خودی" کا عربی میں منظوم ترجمہ کیا۔ ضرب کلیم علامہ کی وفات سے ایک سال قبل ۱۹۳۷ء میں قاہرہ سے اور پیام مشرق ۱۹۵۰ء میں کراچی سے منظر عام پر آئے۔ اس کے بعد اسرار خودی اور اسرار بے خودی کے منظوم عربی ترجمے زیور طباعت سے آراستہ ہوئے۔ جاوید نامہ کی بھی چند نظموں کا انہوں نے عربی میں ترجمہ کیا۔ محمد اقبال سیرتہ وفلسفتہ وشعرہ (علامہ اقبال حیات، فلسفہ اور شاعری) کے عنوان سے ایک کتاب بھی انہوں نے عربی میں تحریر کی۔ انہوں نے اقبال کے فکروفن پر سعودی مجلے المنہل کا خصوصی شمارہ بھی شائع کرایا۔ عبدالوہاب عزام ایک قادر الکلام شاعر تھے اس لیے انہوں نے علامہ کے کلام کا عربی میں منظوم ترجمہ کیا۔

مولانا علی میاں نے اقبال شناسی کے میدان میں پیش کی گئی ڈاکٹر عبدالوہاب عزام کی مساعی کو سراہا لیکن اقبال کی شاعری کے منظوم ترجمے پر انہوں نے اعتراض کیا اور کہا کہ شاعری کے اپنے حدود وقیود ہوتے ہیں اس لیے شعر کے ترجمے کا حق شعر میں ادا نہیں کیا جاسکتا ہے حالانکہ قبل ازیں بہت سارے شعراء نے دوسری زبانوں کے منظوم شہ پاروں کا منظوم ترجمہ کیا جن میں سلیمان بستانی بطور خاص قابل ذکر ہیں۔ انہوں نے ہیومر کی الیاذہ کا عربی میں منظوم ترجمہ کیا تھا۔ اس کے علاوہ خیام کی رباعیوں کا بھی عربی میں منظوم ترجمہ کیا گیا۔ مگر تمام اعتراضات کے باوجود عبدالوہاب عزام کے منظوم ترجموں کو عالم

عرب میں بہت مقبولیت حاصل ہوئی۔ آج بھی جب اقبال کی شاعری کا ذکر کیا جاتا ہے تو عزام کی عربی شاعری کے حوالے سے ہی ذکر کیا جاتا ہے۔

عبد الوہاب عزام کے بعد عربی میں علامہ کے فکر و فن پر کام کرنے والوں اور انہیں عربوں سے متعارف کرانے والوں میں ہندوستانی عالم اور عربی ادیب مولانا ابوالحسن علی ندوی کا نام سر فہرست ہے۔ انہوں نے مختلف عرب ممالک میں اقبال پر تقریریں کی ،لیکچر دیے اور اقبال کے فکر و فن پر سیر حاصل گفتگو کی۔ ۱۹۵۱ء میں قاہرہ یونیورسٹی میں الانسان الکامل فی نظر اقبال (انسان کامل اقبال کی نظر میں) کے عنوان سے لیکچر دیا اور متعدد مضامین لکھ کر مصری مجلات میں شائع کرایا۔ ۱۹۶۰ء میں دار الفکر دمشق سے اقبال کے فکر و فن پر مولانا کی ایک مستقل کتاب "روائع اقبال" کے عنوان سے شائع ہوئی۔ دار العلوم ندوۃ العلماء کے استاد مولانا شمس پیر زادہ نے "نقوش اقبال" کے عنوان سے اس کتاب کا اس قدر خوب صورت ترجمہ کیا ہے کہ اس پر اصلی کتاب ہونے کا گمان ہوتا ہے۔

اقبال کے فکر و فن کے اہتمام کی ابتداء کا پس منظر بیان کرتے ہوئے مولانا علی میاں کہتے ہیں کہ دار العلوم ندوۃ العلماء میں استاد کی حیثیت سے جب ان کا تقرر عمل میں آیا تو انہوں نے مشہور عالم مسعود عالم ندوی کے ساتھ قیام کیا۔ علمی و ادبی گفتگو میں دونوں اقبال کے اشعار سے محظوظ ہوتے تھے البتہ مسعود عالم ندوی جب یہ کہتے کہ ٹیگور عالم عرب میں اقبال سے زیادہ شہرت رکھتے ہیں اور عالم عرب میں اقبال سے زیادہ ٹیگور کے فکر و فن کا اہتمام کیا جاتا ہے تو مولانا علی میاں کو اس پر بہت غیرت آتی تھی۔ وہ کہتے ہیں کہ جب بھی کسی عربی میگزین یا اخبار میں مجھے ٹیگور پر کوئی مضمون نظر آتا تو مجھے اقبال پر قلم اٹھانے کا خیال آتا۔ مولانا علی میاں کہتے ہیں کہ علامہ سے جب ان کی ملاقات ہوئی،

انہوں نے ان سے ان کے اشعار کا عربی میں ترجمہ کرنے کی اجازت طلب کی تو علامہ نہ صرف اس پر بہت خوش ہوئے بلکہ انہوں نے یہ بھی کہا کہ ان کے دوست عبد الوہاب عزام بھی اس حوالے سے کچھ کام کر رہے ہیں۔ بہر حال اس کے بعد مولانا علی میاں نے اقبال کا بہت زیادہ اہتمام کیا جس کے نتیجے میں ان کی عربی کتاب روائع اقبال ۱۹۶۰ء میں دار الفکر دمشق سے منظر عام پر آئی۔ بیشتر ناقدین کا خیال ہے کہ عربی میں علامہ کے فکر وفن کا جائزہ پیش کرنے والی یہ سب سے شاندار کتاب ہے۔ مولانا علی میاں نے اس کتاب میں علامہ کے اشعار کی تشریح نظم کے بجائے نثر میں کی ہے اور بہت خوب صورت ادبی اسلوب میں علامہ کے فکر وفن کا جائزہ پیش کیا ہے۔

شام میں علامہ کے فکر وفن کا اہتمام اس وقت شروع ہوا جب مولانا علی میاں نے مجلہ حضارۃ الاسلام میں اقبال فی مدینۃ الرسول (اقبال شہر رسول میں) کے عنوان سے ایک مضمون شائع کرایا۔ اس کے بعد اس میگزین میں علامہ کے حوالے سے اور بھی کئی مضامین شائع ہوئے اور شام میں اقبالیات کا ایک سلسلہ شروع ہو گیا۔ ۱۹۶۴ءمیں دمشق میں علامہ کے حوالے سے ایک کانفرنس کا انعقاد کیا گیا۔ مولانا علی میاں نہ صرف اس کانفرنس میں شریک ہوئے بلکہ اقبال کے شکوے کا ترجمہ بھی ساتھ لے گئے جسے مختلف مکتبات نے کتابچے کی شکل میں شائع کیا۔ اس کانفرنس میں شامل تقریروں اور مضامین کو کتابی شکل میں شائع کیا گیا۔ اس کے بعد ۱۹۸۵ء میں بھی حکومت کی زیر نگرانی نداء اقبال کے عنوان سے ایک سیمینار کا انعقاد کیا گیا۔ اس میں بھی پیش کیے گئے مضامین و مقالات کو دار الفکر دمشق نے کتابی شکل میں شائع کیا۔ شام میں اقبالیات کا اہتمام کرنے والوں میں عمر بہاء الدین امیری، عبد المعین ملوحی، زہیر ظاظا، سمر روحی فیصل شام کا نام قابل ذکر ہے۔

علامہ کو عالم عرب میں متعارف کرانے کا سہرا صرف عبد الوہاب عزام اور مولانا علی میاں کے سر نہیں ہے بلکہ اور بھی کئی علماء وادباء نے اقبال کے فکر وفن پر خامہ فرسائی کی لیکن یہ بھی درست ہے کہ مولانا علی میاں اور عزام نے علامہ کو عربوں سے متعارف کرانے میں سب سے زیادہ اہم کردار ادا کیا۔ قبل ازیں علامہ کو اردو اور فارسی سے آشنا چند مخصوص علماء، شعراء وادباء واقف تھے لیکن عزام اور مولانا علی میاں کی علمی مساعی کے بعد پورے عرب میں علامہ اقبال کے فکر وفن کا اہتمام شروع ہو گیا۔ بہت سارے مضامین اور مقالے لکھے گئے بلکہ سچ یہ ہے کہ اقبال اور ان کے فکر وفن کو خواص کی محفلوں سے نکال کر عام لوگوں کی عدالت میں پیش کر دیا گیا۔

عبد الوہاب عزام اور مولانا علی میاں کے علاوہ جن لوگوں نے علامہ کے فکر وفن پر خامہ فرسائی کی ان میں علی شعلان صاوی اور محمد حسین اعظمی کی کتاب فلسفۃ اقبال والثقافۃ الاسلامیہ فی الہند والباکستان (ہندوپاک میں اسلامی تہذیب وثقافت اور فلسفۂ اقبال) ۱۹۵۰ء میں دار احیاء الکتب العربیۃ مصر سے منظر عام پر آئی۔ ۱۹۵۹ء میں نجیب کیلانی کی کتاب اقبال الشاعر الثائر (اقبال شاعر انقلاب) الشرکۃ العربیۃ للطباعۃ والنشر سے شائع ہوئی۔ نجیب کیلانی کی اس کتاب کو قبول عام کی سند حاصل ہوئی، اس کے کئی ایڈیشن شائع ہوئے اور اس نے اقبال شناسی میں کافی اہم کردار ادا کیا۔

ان کتابوں کے علاوہ حمید مجید ہدو کی کتاب اقبال الشاعر والفیلسوف والانسان (اقبال بحیثیت شاعر، فلسفی اور انسان) ۱۹۶۳ء، دینا عبد الحمید کی اقبال الشاعر الفیلسوف (اقبال بحیثیت فلسفی شاعر) ۱۹۵۹ء، حسین مجیب مصری کی اقبال بین المصلحین الاسلامیین (اقبال اسلامی مصلحین کے درمیان) ۱۹۸۰ء، مہدی حمود فلوجی کی اقبال شاعرا و مفکرا (علامہ اقبال بحیثیت شاعر و مفکر) ۱۹۷۷ء، حسین مجیب مصری کی اقبال والعالم العربی (علامہ

اقبال اور عالم عرب)۱۹۷۸ء جیسی کتابیں منظر عام پر آئیں اور انہوں نے اقبال کے فکر وفن کو خراج عقیدت پیش کیا۔ مذکورہ بالا سعودی مجلے المنہل کے علاوہ قطر کے مجلہ الامۃ اور کویت کے مجلہ العربی نے بھی اقبال کے فکر وفن پر خصوصی شمارے شائع کیے۔ اقبال کی شاعری اور فلسفے پر بہت سارے ریسرچ اسکالروں نے تحقیقی مقالے لکھ کر اعلی ڈگریاں حاصل کیں جن میں الفیلسوف الہندی محمد اقبال(ہندوستانی فلسفی محمد اقبال) ۱۹۶۷ء، منہج تغییر الانسان عند محمد اقبال،(انسان کو بدلنے کا طریقۂ کار علامہ اقبال کی نظر میں)۱۹۹۵ء، الامۃ الاسلامیۃ فی شعر محمد اقبال (ملت اسلامیہ علامہ اقبال کی شاعری میں) ۲۰۰۲ء، مشکلتا الوجود والمعرفۃ فی الفکر الاسلامی الحدیث عند کل من محمد اقبال و محمد عبدہ دراسۃ مقارنہ (جدید اسلامی فکر میں وجود و معرفت کے مسائل محمد اقبال اور محمد عبدہ کی نظر میں ایک تقابلی جائزہ)وغیرہ بطور مثال قابل ذکر ہیں۔

یوں علامہ اقبال، کی سیرت وحیات، اور فکر وفن عالم عرب کے لیے ناآشنا نہیں رہے۔ علامہ کی عظمت کے لیے یہی کافی تھا کہ ڈاکٹر طہ حسین اور عباس محمود عقاد جیسے عظیم مصری ادباء نے ان پر خامہ فرسائی کر کے ان کی فکری وفنی اور ادبی حیثیت وعظمت کا اعتراف کیا۔ سید قطب نے اپنی مشہور تفسیر ظلال القرآن میں اقبال کا ذکر خیر کیا ہے۔ مشہور مصری ادیب علی طنطاوی نے علامہ کے حوالے سے متعدد مضامین لکھے۔ جامعہ ازہر کے شیخ الجامعہ المراغی نے بھی اقبال کے فکر وفن پر قلم اٹھایا۔ مصر کی لتا منگیشکر ام کلثوم نے علامہ کے شکوہ کو اپنی مخصوص آواز میں گایا ہے۔ بعض ناقدین نے مصر کے سب سے بڑے شاعر، امیر الشعراء احمد شوقی اور حافظ ابراہیم جیسے شعراء کو بھی علامہ کے مقابلے میں دوسری صف میں رکھا ہے۔ اس سے یہ واضح ہوتا ہے کہ علامہ کی فکر کی پاکیزگی، ان کے فن کی عظمت، ان کا شعری وادبی مقام ومرتبہ عربوں کے لیے اظہر من

الشمس ہو چکا ہے۔ انہوں نے علامہ کی عبقریت کا اعتراف کیا اور ان کی فکر کی بلندی اور تخیل کی بو قلمونی کو سند اعتبار و وقار عطا کیا ہے۔ عالم عرب میں اقبال شناسی کا جو دور عبد الوہاب عزام سے شروع ہوا تھا تا ہنوز وہ سلسلہ قائم و دائم ہے اور علامہ کے فکر و فن پر اتنا کچھ لکھا، پڑھا اور کہا جا چکا ہے جس کا شمار نا ممکن نہیں تو آسان بھی نہیں ہے۔

❋ ❋ ❋

اردو میں اقبال شناسی کی روایت

فاطمہ کاظم

اقبال تاریخ فکر و ادب کی ان چند شخصیات میں سے ایک ہیں جن کی زندگی میں ہی ان کے شعری و فکری افکار کو قومی اور عالمی سطح پر پذیرائی حاصل ہوئی۔ اقبال کے فکر کی تازگی بلند آہنگی اور انقلابی تم نے سارے زمانے کو اپنی طرف متوجہ کر لیا دنیا میں اس کا خیر مقدم ہے نہ اس کے فکر و شعر کی تفہیم کا عمل شروع ہونے لگے ان کا دروازہ کھلا اختلاف کا اکتساب بڑھتے چلے گئے۔ اور ایک ایسی روایت کا آغاز ہوا جو جلد ہی برصغیر کی جغرافیائی حدود پار کر کے چار دانگ عالم میں پھیلی پروان چڑھی اور مستحکم ہوتی چلی گئی اقبال فہمی کے اس رعایت میں مشرق و مغرب کے نامور محققین اور ناقدین کی ایک بڑی تعداد نے اپنے انداز سے شرکت کی اقبال فہمی و علمی روایت ہے جس کی بنیاد میں حیات و افکار اقبال کی تفہیم کے سلسلہ میں کی جانے والی اب تک کی تمام کاوشیں شامل ہیں۔

نہ صرف اقبال کے فکر و فلسفہ اور نظریات کو سمجھنے کے لئے آئے بلکہ اقبال فہمی کی روایت کو جاننے کے لیے بھی ضروری ہے کہ سب سے پہلے اقبال کی اپنی تحریروں سے رجوع کیا جائے اور یہ جاننے کی کوشش کی جائے کہ خود اپنے بارے میں کیا کہتے ہیں؟ اپنی اور شاعری میں وہ کیا پیغام دیتے ہیں؟ اس ضمن میں اقبال کی تمام تصانیف اور تحریری (شاعری و نثر، مقالات و مضامین خطبات و تقاریر، ارشادات و ملفوظات باقیات اقبال اور

مکاتیب کے مجموعوں) کو مد نظر رکھنا چاہیے۔

تفہیم اقبال کے سلسلے میں اقبال کے تین شعری مجموعوں اسرار خودی، موزوں بے خودی اور پیام مشرق کے دیباچوں کو بھی مد نظر رکھنا چاہیے۔ جنہیں اقبال نے صرف اس لئے اردو میں لکھا کہ ان کی قوم کے زیادہ سے زیادہ لوگ ان کے پیغام کو سمجھ سکیں۔ بانگ درا کا دیباچہ جو شیخ عبد القادر نے لکھا وہ بھی اہم ہے۔ اسی طرح مثنوی اسرار خودی کا حصہ " در حقیقت شعر۔ " اور " زبور عجم " نظم کی " بندگی نامہ " بھی اہم ہیں۔ جن میں اقبال کے فن کے بارے میں اپنے نظریات پیش کیے۔ " اقبالیاتی تفہیم میں اقبال کی تحریروں کے بعد ان کی تصانیف اور تحریروں کا ذکر آتا ہے۔ جو اقبال پر دوسرے لوگوں نے لکھیں۔ ان ابتدائی سالوں میں ہی بعض جوہر شناس اقبال کے تخلیقی Genius کو بھانپ گئے تھے۔ اس ضمن میں محمد دین فوق، شیخ عبد القادر اور چکبست کے نام قابل ذکر ہیں۔

اقبال کی زندگی میں ان پر جو کچھ لکھا گیا ہے۔ اس کی نوعیت زیادہ تر ستائشی اور جذباتی تھی۔ البتہ ان کی وفات کے بعد ارباب فکر و نظر تنقیدی انداز میں اقبال کو اپنی تحریروں اور تصانیف کو موضوع بنانے لگے۔ ان میں سے کچھ نے اقبال کے سوانحی حالات کو موضوع بنایا اور کچھ نے اقبال کے فکر و فلسفہ ہر توجہ دی۔ اسی طرح خاصی تعداد میں تحریریں اور تصانیف وجود میں آتی گئیں۔ اقبال کے حالات پر سب سے پہلا سوانحی خاکہ مضمون محمد دین فوق کا ہے جو اپریل ۱۹۰۹ کے کشمیری میگزین میں شائع ہوا۔ اقبال پر لکھی جانے والی ان سوانح عمریوں میں اکثر و بیشتر میں فوق ہی کے بیانات کو دہرایا گیا ہے۔ یہ مضمون بعد میں ۱۹۳۲ نیرنگ خیال کے اقبال نمبر میں شائع ہوا۔

اقبال کی زندگی میں ان کے دوست نواب ذوالفقار علی خان نے ان پر ایک مختصر کتاب A voice from the East کے نام سے تحریر کی جو کہ ۱۹۲۲ میں شائع ہوئی۔

یہ اقبال پر لکھی جانے والی پہلی انگریزی کتاب ہے۔ ۱۹۲۳ میں اقبال کے ایک قریبی دوست مولوی احمد دین نے "اقبال" کے نام سے ایک کتاب لکھی۔ اس کتاب میں اقبال کے سوانحی حالات کے علاوہ مصنف نے اقبال کا متروک کلام بھی شائع کر دیا جسے اقبال نے خود خارج کیا تھا۔ اقبال نے اس بات کو پسند نہ کیا چنانچہ مولوی صاحب نے اس کتاب کا مسودہ جلا دیا۔

بانگ درا کی اشاعت کے بعد مولوی صاحب نے اسے از سر نو جمع کیا اور ۱۹۲۶ میں اس کتاب کی اشاعت ہوئی۔ یہ ایڈیشن تقریباً ناپید تھا۔ ڈاکٹر مشفق خواجہ نے اس کی بازیافت کر کے کتاب کا ایک تحقیقی ایڈیشن تیار کیا جس میں ۱۹۲۳ کے ایڈیشن کی عبارت کی بھی نشاندہی کی ہے اور ضروری حواشی بھی لکھے ہیں۔ یہ اردو میں اقبال پر اولین کتاب سمجھی جاتی ہے۔

اقبال کی وفات کے چند ماہ بعد حسن حسرت نے حیات اقبال کے نام سے ایک مختصر سی سوانح عمری لکھی جسے تاج کمپنی نے شائع کیا یہ کتاب ۱۵۰ صفحات پر مشتمل کتابچہ ہے۔ یہ کتابچہ آسان زبان میں لکھا گیا ہے تا کہ اقبال کو عوام میں متعارف کرایا جا سکے۔ حسد کی کتاب دو ماخذات پر مبنی ہے۔

۱۔ اول محمد دین فوق کا مضمون

۲۔ دوم علی بخش کا مضمون جو کہ ۱۹۳۷ میں شائع ہونے والے "شیرازہ" کے اقبال نمبر میں شامل تھا۔

۱۹۳۹ میں پروفیسر طاہر فاروقی نے "سیرت اقبال" کے نام سے اقبال کی سوانح عمری لکھی۔ انگلش میں نہ صرف اقبال کے سوانحی حالات کو بیان کیا گیا ہے بلکہ ان کی شعری اور نثری تصانیف کا مفصل تعارف بھی دیا گیا ہے۔ اس کتاب میں بھی سیرت

اقبال کا سوانحی حصہ فوق کے بیان کردہ حالات پر مبنی ہے۔ یہ کتاب مصنف کی سہل انگاری کا ادنی نمونہ ہے۔ کئی واقعات کے بیان میں مصنف نے کسی تحقیق سے کام لیے بغیر انہیں جوں کا توں شامل کر دیا ہے۔

نواب ذوالفقار علی خان کی مختصر انگریزی کتاب کے بعد اقبال پر انگریزی زبان میں کئی اور کتابیں بھی لکھی گئیں جن میں عبداللہ انور بیگ کی the poet of the East قومی کتب خانہ لاہور ۱۹۴۰ اور بشیر احمد ڈار کی Iqbal philosophy of society بالترتیب ۱۹۳۰، ۱۹۳۲ اور ۱۹۳۳ میں لاہور سے شائع ہوئیں۔ سید عبداللہ الواحد نے ۱۹۴۲ میں Iqbal is the art and thought کے نام سے ایک کتاب شائع کرائی۔

اس سوانحی تصانیف کے علاوہ اقبال کے فکر و فن پر ان کی زندگی ہی میں ارباب فکر و نظر مختلف مقالات اور مضامین کی صورت میں بحث و تمحیص کرتے رہے۔ اقبال مثنوی اسرار خودی کے منظر عام پر آتے ہی بہت سے لوگوں نے اقبال پر اعتراضات کیے۔ مولانا حسین مدنی، احمد مدنی کے ساتھ وطنیت کے موضوع پر اخبارات میں اختلافات کا اظہار ہوتا رہا۔ اقبال پر کفر کے فتوے لگائے گئے خطبہ الہ آباد پر انہیں تنگ نظر اور متعصب مسلمان قرار دیا گیا۔ مضامین کا یہ سلسلہ اس زمانے کے معروف مجلسوں، رسالوں اور اخبارات میں شائع ہوتا رہا۔

یہ مضامین اس زمانے کے مشہور و معروف مجلات و رسائل مثلاً زمانہ "رسالہ ایسٹ ویسٹ"، "معارف"، "نیرنگ خیال"، "الناظر"، "مخزن" اور آثار اقبال وغیرہ میں چھپتے رہے۔ ان مضامین کے لکھنے والوں میں خصوصاً مولانا جیراج پوری، عبدالرحمن بجنوری، سید سلیمان ندوی، پروفیسر رشید احمد صدیقی، مولانا عبدالحق، چوہدری محمد حسین، عبدالماجد دریا آبادی اور شیخ عبدالقادر شامل ہیں۔

اقبال کی وفات کے فوراً بعد ان کی حیات فکر و فن اور خدمات کے حوالے سے جرائد کی طرف سے اقبال نمبروں کا ایک سلسلہ شروع ہو گیا۔ ان میں رسالہ "جوہر" (جامعہ ملیہ) کا اقبال نمبر ۱۹۳۸ ان کے علاوہ "سب رس" کا اقبال نمبر ۱۹۳۸ علی گڑھ میگزین اپریل اور علی گڑھ اردو میگزین کا اقبال نمبر اکتوبر ۱۹۳۸ نیرنگ خیال کا اقبال نمبر ۱۹۳۲ اور سب سے بڑھ کر شیرازہ لاہور اقبال نمبر ۱۹۳۸ کو چراغ حسن حسرت نے مرتب کر کے "اقبال نامہ" کے نام سے کتابی شکل میں پیش کیا۔ چراغ کے مرتبہ "اقبال نامہ" کے معلوماتی دیباچے کے علاوہ بہت سے مضمون نگاروں کے ایسے مضامین شامل ہیں جو اقبال کی زندگی کے کئی گوشے سے منور کرتے ہیں اسی طرح رسالہ جامعہ اور رسالہ اردو دہلی اقبال اور اقبال کے نام سے شائع ہوئے۔

روح اقبال کو تین حصوں ۱۔ آرٹ ۲۔ تمدن ۳۔ مذہب میں تقسیم کیا گیا ہے۔ پہلے ایڈیشن ۱۹۴۲ کے بعد جتنے ایڈیشن شائع ہوئے۔ ان میں نئی معلومات کا اضافہ بھی کیا گیا ہے ڈاکٹر یوسف حسین خان پر پی ایچ ڈی کا تحقیقی مقالہ لکھنے والی خاتون محقق ڈاکٹر شبینہ اپنے ایک مضمون میں روح اقبال کال کو اقبال پر لکھی جانے والی دوسری کتب سیرت اقبال الظاہر فاروقی اقبال کامل از عبد السلام ندوی اقبال نئی تشکیل از عزیز احمد اور فکر اقبال خلیفہ عبد الحکیم پر فوقیت دی ہے کہ یوسف حسان خان کے آفتاب اور فلسفے کو ربط و تسلسل کے ساتھ پیش کیا ہے جبکہ باقی مذکورہ کتب میں ربط کا فقدان ہے ڈاکٹر منظور احمد اقبال کے بارے میں لکھتے ہیں کہ:

" ۱۹۴۱ میں ڈاکٹر یوسف حسین نے "روح اقبال "کے نام سے جو کتاب لکھی تھی اس کو آج بھی تفہیم اقبال کے سلسلے کی اہم کتاب سمجھتا ہوں "۱۹۴۷ میں عطیہ بیگم نے "اقبال" کے نام سے خطوط اقبال شائع کر کے ادبی دنیا میں تہلکہ مچا دیا۔

نئی نئی معاشرتی اور تہذیبی تبدیلیوں کی وجہ سے اسلامی اقدار کو نئے چیلنج کا سامنا کرنا پڑا۔ ان نازک حالات میں دو قسم کی قیادتیں سامنے آئیں۔ دینی قیادت جس کی علمبردار علمائے دین تھے ان کی تعلیمات کا رخ زیادہ تر "دنیا" کی بجائے خانقاہ کی طرف تھا۔ دوسری قیادت جدیدیت پسندی تھی جس کے علمبردار سر سید اور ان کے حلقہ اسلام اور مسلمانوں کے تحفظ اور ترقی کے لیے مذہب اور سائنس کا ملاپ کر کے ایک نئے علم الکلام کی بنیاد رکھنا چاہتے تھے۔ غرض سر سید احمد خان نے جدید علوم و فنون، اسلام کی نئی تعبیر و تشریح، محنت و عمل، عقلیت و فطرت، اجتہاد، روشن خیالی اور علیحدہ قومیت پر مبنی خیالات پیش کیے اور ان کو عملی جامہ پہنانے کی کوشش کی۔ علی گڑھ تحریک کی اصطلاحی کوشش تعلیمی، سیاسی، مذہبی امور تک محدود نہ تھیں بلکہ اردو ادب کو بھی اجتماعی مقاصد کے لئے استعمال کرتے ہوئے علمی افکار کی اشاعت کا ذریعہ بنایا اور اسے بھی عقل و افادیت اور فطرت کی بنیادوں پر استوار کیا۔

رفقائے سر سید میں سے حالی نے اپنی شاعری کے ذریعے (مسدس حالی) مسلمانوں کے شاندار ماضی کا ذکر کرتے ہوئے انہیں ان کی موجودہ پستی اور زوال کا احساس دلایا اور جدید علوم و فنون کی طرف راغب کیا۔ شبلی نے مشاہیر اسلام کی سوانح عمریوں کے ذریعے مسلمانوں کو بیدار کیا۔ وہ مغرب کی اندھی تقلید کے قائل نہ تھے بلکہ بقول مہدی افادی انہوں نے مذہب اور سائنس دونوں کا مصافحہ کرا دیا۔

نذیر احمد اجتہادی مقاصد کے پر زور مبلغ تھے۔ وہ دین و دنیا کی دوئی کے قائل نہ تھے۔ وہ اسلام اور مغرب کے دلکش امتزاج کے قائل تھے۔ سید امیر علی اور مولوی چراغ علی نے جدید علم کلام کو فروغ دیا۔ عقلیت پسندی، خرد افروزی اور رواداری کی تائید کی۔

ادھر ہندوستان میں سر سید تحریک اصطلاح مال اصلاح تحریک اصلاح احوال میں مصروف تھی تو ادھر دوسرے اسلامی ممالک میں سید جمال الدین ۱۸۳۸۔۱۸۹۷ کی مساعی سے روسی اور یورپی ملوکیت اور عالمگیر تصورات کو اپنانے اور مسلم ممالک کے اتحاد سے ایک مستحکم اسلامی بلاک بنانے کی تحریک شروع ہو چکی تھی۔ افغانی، اسلامی جدیدیت اور اسلامی جمہوریت و اتحاد کے ذریعے استعماری طاقتوں سے آزادی اور مسلمانوں کی نشاۃ ثانیہ کے خواہاں تھے۔

ان کی ادویات اور بھارت کا سنڈی نے اسلام کو دائرے واسطہ سے نکال کر عہد جدید میں بین الاقوامی توجہ نعت سے ہم آہنگ کر دیا علامہ اقبال مغرب کا مقابلہ کرنے کے لیے افغانی کی اصلاح ہو تو جدید، جدید جمہوریت اور مسلم اتحاد کے بے حد مداح نظر آتے ہیں۔ اقبال میں آپ ای کو مذہبی فکر و عمل کے لحاظ سے اپنے زمانے کا سب سے زیادہ "ترقی یافتہ مسلمان" قرار دیا۔

اقبال ایک صاحب بصیرت اور وسیع المطالعہ شخص تھے۔ اپنے ملکی حالات اور مشرقی علوم کا مطالعہ کیا بلکہ عمیق نگاہوں نے مغربی علوم، مغربی تاریخ اور مغربی تہذیب کا بغور مطالعہ کیا۔ یورپ جا گیر خود مشاہدہ تہذیب کرتے ہوئے وسیع اور ٹھوس بنیادوں پر اسلام اور مغرب کا تجزیہ کیا۔

اقبال کے تخلیقی محرکات اور تہذیبی رویے کو سمجھنے کے لئے پنجاب کی تہذیبی صورت حال کو بھی سمجھنا ضروری ہے۔ اس سلسلے میں انجمن حمایت اسلام ۱۸۸۴ کو خاص اہمیت حاصل ہے۔ اس دور میں انجمن سے وابستگی کے سبب اقبال کی ملی یا عوامی شاعری کا آغاز ہوا۔ اقبال عوام میں مقبول ہوئے۔ اقبال ۱۲ نومبر ۱۸۹۹ کو انجمن مجلس منتظمہ کے رکن منتخب ہوئے اور اس کے بعد آخر تک انجمن سے وابستہ رہے۔

جنگ روس و جاپان میں جاپان کی فتح ۱۹۰۵ اتحاد بین المسلمین کی تحریک مغربی استعمار کے خلاف، تقسیم بنگال کی منسوخی، اٹلی کا طرابلس پر حملہ، مسولینی کے اثرات، روسیوں کی مشہد مقدس پر گولہ باری، جنگ طرابلس و بلقان، مسجد کانپور کا سانحہ، خلافت کا مسئلہ، پہلی جنگ عظیم اور اس کے بعد یورپ کا دنیائے روس، دوسری جنگ عظیم ان جیسے لاتعداد اسباب اور واقعات پر اقبال کی گہری نظر تھی۔

اقبال اپنے استاد آرنلڈ کے لئے خاص عقیدت رکھتے تھے۔ انہوں نے آرنلڈ کے ذریعے مغربی استعمار اور اسلام کو سمجھا۔ ۱۹۰۵ سے ۱۹۰۸ تک اقبال کا دور دورہ پے۔ انھوں نے مجلسی سرگرمیوں میں بھی حصہ لیا۔ نکلسن، براؤن، میک ٹیگرٹ، ارنلڈ، ایماویگے ناسٹ، سینے شل، عطیہ فیضی وغیرہ جیسے ذہین وفطین لوگوں سے ان کی گفت و شنید اور تدریس کے سلسلے رہے۔ سیاسی، عالم اسلام کی سیاسی، سماجی، معاشرتی، معاشی، ذہنی غلامی اور یورپ کے استبداد کا دکھ اس دور کی تحریروں میں نظر آتا ہے۔ اقبال نے تحریک پاکستان کو نظریاتی اساس فراہم کی اور اس آزاد خود مختار اور علیحدہ ریاست میں ایک مثالی فلاحی معاشرے کا خواب دیکھا۔

پاکستان بننے کے بعد اقبال کو ایک عظیم مفکر، فلسفی، شاعر اور سب سے بڑھ کر مصور پاکستان کی حیثیت سے ایک خاص اہمیت حاصل ہوئی۔ حیات اقبال اور فکریات و شعریات اقبال کو موضوع بحث بنایا گیا ہے۔ اقبال کے کلام کے تراجم و تشریحات کا سلسلہ شروع ہوا۔ ۱۹۷۷ میں حکومت پاکستان کی طرف سے جشن اقبال صدی منایا گیا اور لاہور میں ایک بین الاقوامی اقبال کانگریس (۲ تا ۷ دسمبر) منعقد کی گئی۔ بیرون ملک اقبال کے حلقہ تعارف میں اضافی ہوا۔ اور اس موقع پر "اقبالیات" کو ایک علمی شعبے کے طور پر تسلیم کیا گیا اور ۱۹۸۴ میں اسلام آباد میں فاصلاتی تعلیم کے لیے قائم ہونے والی یونیورسٹی کو ۱۹۷۷

میں اقبال کے صد سالہ جشن ولادت کے مناسبت سے علامہ اقبال اوپن یونیورسٹی اسلام آباد کا نام دیا گیا یہ یونیورسٹی اقبالیات کے فروغ میں اہم کردار ادا کر رہی ہے۔

"پاکستان وہ اہم اساسی مرکز ہے۔ جہاں سے اقبالیات کی روایت کے برگ و بار پھوٹے اور پروان چڑھے۔ یوں اقبالیات پر لکھی جانے والی تحریروں اور تصانیف کا ایک بہت بڑا ذخیرہ وجود میں آیا۔ اگر پاکستان میں اقبال شناسی کی روایت پر ایک طائرانہ نظر ڈالی جائے تو اس کی مختلف جہات و اطراف نظر آتی ہے۔ اقبال پر لکھی جانے والی ابتدائی سوانحی کتابوں میں "حیات اقبال" از چراغ حسن حسرت (۱۹۳۸) اور "سیرت اقبال" از پروفیسر اطہر فاروقی ۱۹۳۹ کے بعد ۱۹۵۵ میں عبدالمجید سالک کی "ذکر اقبال" منظر عام پر آئی۔"

"سوانحی سلسلے کی ایک اور کتاب صابر کلوری کی "یاد اقبال" ۱۹۷۷ اس میں اقبال کی زندگی سے متعلق جس قدر معلومات و واقعات جمع کیے گئے ہیں وہ کسی کتاب میں یکجا نہیں ملتے۔ اگرچہ یہ معلومات نئی نہیں تاہم مؤلف بعض تحقیق طلب روایات اور مختلف واقعات سے سرسری نہیں گزرا، بلکہ تحقیق و تفحص سے کام لیتے ہوئے کسی نتیجے تک پہنچنے کی کوشش کی گئی ہے۔"

"اس عرصے میں بعض ایسی کتابیں بھی سامنے آئیں جو باقاعدہ طور ہر اقبال کی سوانح عمریاں تو نہیں لیکن سوانحی مواد پر مشتمل ہیں۔ اور حیات اقبال کے بعض خاص ادوار یا گوشوں کو سامنے لاتی ہیں۔ مثلاً "اقبال کے اخری دو سال"، از ڈاکٹر عاشق حسین بٹالوی، "اقبال کے حضور" مرتبہ از خالد نظیر صوفی، "اقبال اور بھوپال"، "سفر نامہ اقبال" از محمد حمزہ فاروقی، "اوراق گم گشتہ" مرتبہ رحیم بخش شاہین، "اقبال او انجمن حمایت اسلام" از محمد حنیف شاہد۔"

" ان کتب میں " اقبال درون خانہ "علامہ مرحوم کی گھریلو زندگی، نجی محبتوں اور

خاندانی محفلوں کا عمدہ سوانحی ریکارڈ ہے۔ اسے اقبال کے بڑے بھائی شیخ عطا محمد کے نواسے نظیر صوفی نے علامہ کے اعزہ واقربا کے حوالے سے روایات وحکایات کی شکل میں مرتب کیا ہے۔"

"دانائے راز" از نذیر نیازی ۱۹۷۹ تا ۱۹۰۷ تک کے حالات پر محیط ہے۔ نذیر صاب نے اقبال کے اس ابتدائی دور پر جسے وہ تشکیل دور کہتے ہیں مربوط اور مفصل نظر ڈالی ہے۔ یوں انہوں نے حیات اقبال کے ایک اہم دور کی تفصیلات تو محفوظ کر دیں لیکن یہ ایک آدھی یعنی ادھوری سوانح ہے۔"

"عروج اقبال ۱۹۸۲ ڈاکٹر مختار احمد صدیقی کی تصنیف ہے یہ معروف معنوں میں اقبال کی سوانح عمری تو نہیں بلکہ مصنف کا اصل موضوع اقبال کی شخصیت اور ذہنی فکری اور فنی ارتقا کا دور یہ دور جائزہ ہے اس کی شعری اور نثری تخلیقات کے علاوہ صرف کر اور شاعر اقبال کی نجی زندگی کے واقعات کا تذکرہ ناگزیر تھا۔ چنانچہ عروج اقبال کے مصنف نے حیات اقبال کے ۱۹۰۸ تک ضروری کوالف بھی بہ اختصار و جامعیت بیان کر دیتے ہیں اور عقیدت اور مبالغے سے ہٹ کر ان کا تجزیہ کیا اور اقبال سے متعلق بیانات کی تصحیح کر دی یوں "عروج اقبال" ایک سوانحی حیثیت بھی رکھتی ہے۔"

"مفکر پاکستان" از محمد اقبال حنیف شاہد ۱۹۸۲ اقبال کی سوانح عمریوں میں غالباً ضخیم ترین ہے۔ مصنف نے لوازمات تو بہت جمع کیے لیکن مناسب ترتیب و تدوین کرنے سے قاصر رہا جس کی وجہ سے یہ ایک اچھی سوانح عمری نہ بن سکی۔"

***

اقبال شناسی۔۔۔۔ایک جائزہ

حمیرا جمیل / طاہر عباس طیب

علامہ اقبال برصغیر کے عظیم شاعر، مفکر اور مصلح ہیں جنہوں نے اپنے عمیق خیالات اور انقلابی افکار کے اظہار کے لیے بیک وقت اردو فارسی اور انگریزی زبان کو وسیلہ ءاظہار بنایا۔ ان کی شاعری اردو اور فارسی میں جبکہ خطبات اور مقالات انگریزی میں موجود ہیں۔ جبکہ انہوں نے مکاتیب اردو زبان میں لکھے۔ ان کا فکر و فلسفہ محض شاعرانہ خیال یا فلسفیانہ تصور نہیں بلکہ ایک واضح حکمت عملی کا درجہ رکھتا ہے۔ اقبال مفکرِ اسلام، حکیم الامت، شاعر مشرق، دانائے راز، ترجمانِ خودی اور نجانے کتنے ہی خطابات و القاب کے حق دار ہیں۔ ہر فرد اور ہر طبقے کا اپنا اقبال، وہی اقبال، جس نے پوری دنیائے ادب اور فکری رویوں کو متاثر کیا۔ وہی اقبال جو دنیا بھر میں اردو بولنے والوں کی نہ صرف پہچان ہے بلکہ فخر و ناز کا باعث بھی ہے۔ اسی نے قوم کو پستیوں سے نکال کر خود شناسی کا پیغام دیا۔ ظاہر ہے کہ جو مسیحا نفس اپنے کلام سے اتنا بڑا کام لینا چاہتا ہو اس کے نزدیک پرانے الفاظ اور معانی اپنی حقیقت کھو بیٹھتے ہیں لہٰذا اس نے نئی تراکیب ایجاد کیں، نئے الفاظ وضع کیے اور بعض خاک افتادہ الفاظ کو اٹھایا اور ہمدوش ثریا بنا دیا۔ متبذل اور ناپسندیدہ معنوں میں استعمال ہونے والے الفاظ نئی معنوی شان و شوکت سے آشنا ہوئے۔ اقبال کے فارسی اور اردو کلام میں ہزاروں تازہ بتازہ اور نوبہ نو تراکیب اور الفاظ

موجود ہیں۔ وہ چونکہ حقیقی معنوں میں علامہ تھے۔ اس لیے ان کے ذخیرہ الفاظ نے فارسی اور اردو کی علمی و ادبی دنیا کو حیرت زدہ کر کے رکھ دیا۔ سلیم احمد کہتے ہیں:

"اقبال ہمارے ماضی قریب کی عظیم ترین علمی، فکری اور سیاسی شخصیتوں میں سے ایک ہیں۔۔۔اس کے علاوہ وہ مشرق و مغرب کے فلسفوں سے بھی آگاہ اور عہد حاضر کے علوم مسائل سے باخبر ایک ایسی شخصیت ہیں جن کی نظیر جدید مشرق میں مشکل ہی سے ملتی ہے۔ پھر وہ ایک ایسے تہذیبی اور سیاسی نظریئے کے بانی ہیں جس نے ایک ملک کو جنم دیا ہے اور ان کی یہ حیثیت ایسی ہے جو تاریخ عالم میں کسی شاعر یا مفکر کو حاصل نہیں ہوئی۔"۱

دنیائے علم وادب، فلسفہ و سائنس اور تاریخ و سیاست میں اقبال ایک ایسی منفرد حیثیت حاصل کر چکے ہیں کہ مشرق و مغرب ان کی عظمت کے قائل ہیں۔ ڈاکٹر سلیم اختر اقبال کو "ممدوح عالم" قرار دیتے ہیں:۔ "آج کی تمام مہذب دنیا اقبال کے نام اور افکار سے واقفیت رکھتی ہے۔"۲

اقبال اپنے عہد کی مختلف تحریکات اور رجحانات کا نہ صرف گہرا شعور رکھتا تھا بلکہ اس کے صحت مند عناصر کو جذب کرنے کی بھرپور صلاحیت سے بھی بہرور تھا۔ مغرب اور مشرق کے بیشتر ممالک کی زبانوں میں اُن کی شاعری کے تراجم ہو چکے ہیں اور متعدد ممالک کے دانشوروں نے اُن کے افکار و تصورات کی توضیح و تشریح کے لیے مقالات تحریر کیے اور کتابیں طبع کیں۔ علامہ اقبال کی صورت میں ہمیں وہ فلسفی شاعر ملتا ہے جسے مسلمانوں نے تو سر آنکھوں پر بٹھایا لیکن تعجب ہے کہ سرمایہ دارانہ نظام والے مغرب یورپین ممالک اور اس نظام کے مخالف سوشلسٹ ممالک میں بھی علامہ اقبال کو خراج تحسین پیش کیا گیا۔ صرف چند ممالک کے معروف اقبال شناسوں کے ناموں سے پیغامِ

اقبال کی عالمگیر مقبولیت کا اندازہ لگایا جاسکتا ہے۔ آر اے نکلسن، ہربرٹ ریڈ، اے جے آربری، ای ایم فاسٹر (برطانیہ)، ایساندرو بوزانی، جی توچی (اٹلی) اینامیری شمل (جرمنی) ایوا ماریووچ، لوس کلوڈ میتیخ (فرانس)، ژاں ماریک (چیکو سلواکیہ)، سخوچوف، ایل آر گورڈن پولنسکایا، نکولائی گلیبوف، نتالیاپری گارنیا، ایم ٹی ستے نیتس (روس) یہ صرف چند نام ہیں ورنہ دنیا کی بیشتر اہم زبانوں میں علامہ کی شاعری کے تراجم ہوئے، افکار و تصورات کی صراحت میں مقالات تحریر کیے گئے اور کتابیں طبع کی گئیں۔

مسلم ممالک میں ایران، مصر، ترکی، افغانستان، مراکش، انڈونیشیا اور متعدد دیگر مسلم ممالک کے دانشوروں کی فکر اقبال سے دلچسپی اور اقبال شناسی کے فروغ کی وجہ بنی۔ زبان کا اشتراک ذہنی روابط کا بہت بڑا ذریعہ ہوتا ہے۔ چنانچہ یہ عالم ہے کہ علامہ اقبال ایران میں اسی طرح مقبول و معروف ہیں جیسے کوئی مقامی شاعر۔ اقبال شناسی برصغیر کی حدود عبور کر کے ایک ایسی عالمی روایت کا درجہ اختیار کر چکی ہے جو وقت گزرنے کے ساتھ ساتھ نئی رفعتوں اور نئی وسعتوں کو چھورہی ہے۔ منور مرزا لکھتے ہیں:۔

"علامہ اقبال کا کلام اور ان کا فکر محض براعظم کی وسیع و عریض حدود تک ہی محدود نہ رہا بلکہ وہ سیاسی، جغرافیائی اور نسلی حدود کو عبور کر کے کہیں سے کہیں جا پہنچا۔ آج علامہ اقبال کی حیثیت ایک بین الاقوامی مفکر اور معلم کی ہے اور یہ امر مسلم ملت کے لیے اور پاکستان کے لیے لائق صد فخر ہے۔"۳

جو لوگ اقبالیات یا اقبال شناسی کی اصطلاحات استعمال کرتے ہیں ان کو ذہن میں رکھنا چاہیے کہ ان دو اصطلاحات کے اندر فرق موجود ہے۔ "اقبالیات" ایک شعبہء علم ہے، جس میں اول اقبال کی شعری و فکری تصانیف اور مقالات و مکاتیب و بیانات شامل ہیں اور دوم ایسی تمام تحریرات و تحقیقات جو حیات و تصانیف اقبال کے تشریحی و توضیحی

اور تنقیدی مطالعات پر مبنی ہیں۔ جبکہ اقبال شناسی میں موجود لفظ "شناس" وضاحت کا متقاضی ہے مولوی سید احمد دہلوی نے "فرہنگ آصفیہ" میں لکھا ہے:۔

"شناس" (ف) مرکبات میں) جیسے مردم شناس، قدر شناس، حق شناس وغیرہ یعنی آدمی کو پہچاننے۔ قدر جاننے اور حق کی تمیز کرنے والا ہے"۔ ۴

اسی طرح وارث سرہندی ایم اے نے "علمی اُردو لغت" (جامع) میں یوں لکھا ہے:

"شناس" [ف۔ صف] فارسی مصدر "شناختن" کا امر جو اسم کے بعد آکر اسے اسم فاعل بناتا ہے اور پہچاننے والا کے معنی دیتا ہے مثلاً "قدر شناس۔" ۵

اقبال شناسی وہ علمی روایت ہے جس کی بنیاد حیات و افکار اقبال کی تفہیم کے سلسلہ میں کی جانے والی اب تک کی کاوشوں کو قرار دیا جاتا ہے۔ اور اقبال شناسی کی روایت سے وابستہ اہل علم کو اقبال شناس، اقبال سکالر یا ماہر اقبال کہا جاتا ہے۔ قاضی مرحوم ایسے اصحاب کے بارے میں رقم طراز ہیں:۔

"اقبالین" کی اصطلاح کو موزوں سمجھتے ہیں جنہوں نے اقبالیات کو اپنا خاص موضوع بنایا ہے اور ان پر مستقل کتابیں اور مضامین لکھے ہیں۔ وہ ان کے لیے اقبال شناس کی اصطلاح بھی استعمال کرتے ہیں" ٦

پاکستان میں اقبال شناسی کے فروغ میں مختلف درسگاہوں کے اساتذہ کا کردار نہایت اہم رہا ہے جنہوں نے کلام و افکار اقبال کے ساتھ اپنی دلچسپی اور وابستگی کو اپنے عزیز طلبہ کے دلوں میں جاگزیں کیا اور اس سلسلے کو آگے بڑھانے کا ذریعہ بنے۔ پروفیسر عابد علی عابد، صوفی تبسم، ڈاکٹر سید عبد اللہ، پروفیسر سید وقار عظیم، ڈاکٹر عبادت بریلوی، ڈاکٹر افتخار صدیقی، پروفیسر عبد الشکور احسن، ڈاکٹر وحید قریشی، منور مرزا، ڈاکٹر غلام مصطفی خان، ڈاکٹر غلام حسین ذوالفقار، ڈاکٹر خواجہ محمد زکریا، ڈاکٹر سلیم اختر، ڈاکٹر تبسم کاشمیری

،ڈاکٹر رفیع الدین ہاشمی،ڈاکٹر سعادت سعید، ڈاکٹر نعیم احمد ،ڈاکٹر تحسین فراقی اور ڈاکٹر آصف اعوان کے اسمائے گرامی اس ضمن میں چند مثالوں کی حیثیت رکھتے ہیں۔ ایران کے ڈاکٹر احمد علی رجائی کے مطابق۔"اقبال ایک نو دریافت براعظم کی مانند ہیں جس میں کتنی ہی دلآویز اور قابل غور چیزیں ہنوز بحث طلب ہیں۔"۷

ایک عالم کے دانشور اس نو دریافت براعظم کی کشش اور دلآویزی کے حسن کے کھوج میں نظر آتے ہیں۔ عہد حاضر میں ہر جگہ اقبال شناس ملتے ہیں جنہوں نے اقبال شناسی کے مفہوم کو بہتر انداز سے اپنے نقطہ ء نظر کے مطابق قارئین کے سامنے سادہ اور عام فہم زبان میں پیش کیا۔ تا کہ نسلِ نو پیغامِ اقبال سے استفادہ کر سکے۔ قدرت نے اقبال کو نورِ معرفت، بصیرت، شاعرانہ فطرت اور دردِ دل عطا کرنے میں کھول کر فیاضی کی تھی جس کی مثالیں تاریخ عالم میں بہت کم نظر آتی ہیں۔ اقبال علم، آزادی اور اجتہاد کا قائل تھا۔

اقبال نے نہ صرف مسلمانوں بلکہ پورے بنی نوع انسان کو اپنے حیات بخش پیغام سے نوازا۔ اُن کے احساس کمتری کو دور کر کے اُن میں خودی اور خودداری کا جذبہ بیدار کیا۔ عمل سے غافل قوم کو سعی پیہم کا درس دیا۔ علامہ کی ولولہ انگیز شاعری نے مسلمانان برصغیر کو حریت فکر سے آشنا کیا۔ اُن کے انقلابی فکر و فلسفہ سے عالم انسانیت کو بالعموم اور عالم اسلام کو بالخصوص ایک نیا جذبہ اور ولولہ ملا جس کی ضیاء پاشیوں سے عصر حاضر میں بھی تمام انسانیت بلا لحاظ مذہب و ملت روشنی حاصل کرتی جارہی ہے۔ سید ابو الحسن علی ندوی کہتے ہیں: "اقبال حکمت و فلسفہ اور دوسرے علوم نظری میں بھی اپنی ایک مخصوص رائے رکھتے ہیں۔"۸

اقبالؒ مسلمانان برصغیر کے ایک عظیم محسن ہیں، انہوں نے مسلمانوں کو غیر اسلامی

نظریات سے مرعوب نہ ہونے اور اپنے دین، ثقافت اور اقدار سے گہری وابستگی کے ذریعے نشاۃ الثانیہ کی راہ دکھائی۔ اقبال کی حیات ہی میں ان کے خیالات کو عالمی سطح پذیرائی حاصل ہوئی۔ ان کے پیش کردہ تصور کی بنیاد پر دنیا میں ایک نظریاتی مملکت کا قیام عمل میں آیا۔ مصباح الحق صدیقی رقم طراز ہیں:

"اقبال نے پوری امتِ مسلمہ کے مسائل پر قلم اٹھایا ہے۔ وہ پوری دنیا کے اتحاد کے علمبردار تھے۔ اس اتحاد کے لیے وہ کسی سیاسی دباؤ کے قائل نہیں تھے۔ وہ یہ یگانگت صحیح قسم کے جذبہ اخوت اسلامی کے ساتھ پیدا کرنا چاہتے تھے۔ ان کے اس اتحاد کی بنیاد اسلام کے نظریہ حریت فکر و اظہار رائے اور مساوات ہے۔"۹

علامہ کے افکار آفاقی قدروں کے حامل ہیں۔ اقبال نے فلسفے کو شعر کی رعنائی میں ڈھالا اور علم و عمل اور حقائق کے بیان کو نغمہ و آہنگ کا پیکر عطا کیا۔ وہ ایسے شاعر اور مفکر ہیں کہ جن کی شاعری اور افکار محض اپنے عہد تک ہی محدود نہ تھے۔ اُن کی شاعری راہ عمل کا تعین اور حرکت کا پیغام دیتی ہے۔ انہوں نے اپنی شاعری میں ایسی صداقتوں کو بیان کیا جن کی اہمیت ہر دور میں برقرار رہتی ہے اور ہر دور میں برقرار رہے گی۔ ڈاکٹر شاہد کامران نے شریعت اسلامیہ کی روشنی میں فکر اقبال سے اجتہاد کی اہمیت کو اجاگر کیا ہے۔ بقول شاہد اقبال کامران:

"اقبال نے پوری توانائی کے ساتھ انفرادی اجتہاد کے بجائے اجتماعی اجتہاد کی ضرورت پر زور دیا ہے۔۔۔۔۔ اقبال کا فلسفہ تو یہ ہے کہ اجتماعی اجتہاد کا حق ایک منتخب شدہ مجلس قانون ساز کے سپرد کیا جانا چاہیے۔ ایسی مجلس قانون ساز قرآن و سنت کی روشنی میں، اور جدید تقاضوں کے حوالے سے جو فیصلے کرے گی، وہ اجتماعی اجتہاد کہلائیں گے۔"۱۰

اہلِ علم و دانش کی جانب سے اقبالؒ کی شاعری اور فلسفے کی طرف جس توجہ اور دلچسپی کا اظہار ہوا۔ اس کا سلسلہ موجودہ عہد میں بھی جاری ہے۔ اس کا اظہار شاعرِ مشرق کی شاعری اور فلسفے کے بارے میں شائع ہونے والے مقالات اور کتابوں کی صورت میں ہوتا رہتا ہے۔ "تاریخ ادب اُردو میں ڈاکٹر رام بابو سکسینہ لکھتے ہیں۔ "وہ نوجوانان ہند کے بہترین شاعر ہیں کیونکہ انہی کے جذبات واحساسات کو وہ عمدہ طریقے سے ادا کرتے ہیں۔"۱۱

علامہ کی حیات ، نظریات اور خدمات پر دنیا کی اہم زبانوں میں جو کام ہوا ہے وہ قابل تحسین ہے۔ امریکہ ،یورپ اور روس میں کلام اقبال کے تراجم ہو چکے ہیں اس طرح دنیا کی تمام بڑی بڑی زبانوں جیسے انگریزی، جرمنی، فرانسیسی، اطالوی، روسی، چینی، جاپانی، ترکی اور فارسی وغیرہ میں اقبال پر کتابیں اور مقالات قلمبند کیے جا چکے ہیں۔ اقبال نے اگرچہ خطاب مسلمانوں سے کیا لیکن ان کا پیغام جغرافیائی حدود اور مذہبی عقائد کی قیود سے آزاد ہے۔ ان کے افکار میں ایسی عالمگیر خصوصیات ہیں کہ مسلمانوں کے ساتھ ساتھ دیگر اقوام کے افراد اور غیر مسلم بھی ان سے استفادہ کر سکتے ہیں۔ مراکش کے پروفیسر ایس۔ آئی۔ فہد رقم طراز ہیں:

"اقبال ایک ہمہ گیر شخصیت ہیں۔ آپ کی ہمدردیاں اتنی وسیع ہیں کہ ان میں تمام دنیا کے انسان بلا امتیاز نسل و ملک سما جاتے ہیں۔ آپ عظمت،انسانی کے علمبردار ہیں۔ اسی لیے اقبال کو مشرق و مغرب میں یکساں عزت حاصل ہے۔"۱۲

اقبال نے فلسفہ ءِ مغرب کا گہرا مطالعہ کیا ہے لیکن وہ ایک مسلمان کی حیثیت سے سوچتا ہے اور محسوس کرتا ہے۔ اسی وجہ سے وہ بے حد مقبول ہے۔ وہ مذہب کے بارے میں بہت پر جوش ہے۔ وہ ایک حرم (مکہ) کی تعمیر میں مصروف ہے۔ اس نئی بستی سے

مراد ایک عالمگیر مذہبی مثالی ریاست ہے جس میں دنیا بھر کے مسلمان نسل و وطن کی قید سے بے نیاز ہو کر ایک ہو جائیں۔ وہ استعماریت اور وطنیت کا مخالف ہے۔ بقول آر۔اے۔ نکلسن اقبال:

"جہاں منطق ناکام ہوتی ہے وہاں اس کی شاعری ذہن کو جلا بخشتی اور قائل کرتی ہے۔۔۔۔ اقبال ایک پیغمبر کے روپ میں آتا ہے اور اپنے زمانے کے ساتھ ساتھ آنے والی نسلوں سے بھی مخاطب ہوتا ہے۔ من نوائے شاعر فرداستم"۱۳

علامہ محمد اقبال کی سوچ اور فکر کا مرکز و محور قرآن تھا اور صاحبِ قرآن تھے۔ وہ ایسے تصوف کے قائل تھے جو مردہ جسموں میں نئی روح پھونک دے۔ اقبال کے فلسفے کی بنیاد قرآن مجید کی تعلیمات پر استوار ہے۔ وہ متعصب مسلمان نہ تھے انہیں جہاں سے بھی روشنی ملی انہوں نے اسے حاصل کرنے میں تامل نہ کیا۔ وہ بیک وقت مسلمان صوفیانہ، مغربی فلاسفروں اور ہندو دانشوروں سے متاثر تھے، جس کے نتیجے میں ان کا کلام قلب روشن کا آئینہ بن گیا۔ ایسا آئینہ کہ جس میں غیر مسلم اقوام بھی اپنے خدوخال کی شناخت کر سکتی ہیں۔ ای۔ایم فاسٹر لکھتے ہیں: "اقبال کٹر مسلمان تو تھا مگر وہ کہنہ روایات کا پرستار نہ تھا۔۔۔۔ اس کے خیالات خواہ کیسے ہی کیوں نہ ہوں مگر وہ انتہا پسند اور متعصب نہ تھا۔"۱۴

اقبال نے تمام عمر انسانی عظمت کے گیت گائے، یہ صرف جذباتی سطح پر ہی نہیں تھا بلکہ انہوں نے ان عوامل و محرکات تک پہنچنے کی کوشش کی جو انسان کو غلامی کی زنجیروں میں جکڑتے ہیں۔ اقبال ملک کے معاشی وسائل اور عوام کی اقتصادی صورت حال کی اہمیت سے بھی آگاہ تھے۔ چنانچہ انہوں نے اپنی اولین تالیف "علم الا قتصاد" میں ان اقتصادی امور کی نشاندہی کی جو اقوام اور افراد کو معاشی بدحالی کی دلدل میں پھنسا دیتے

ہیں۔اس کے بعد انہوں نے ان مسائل کا فکری سطح پر مطالعہ کر کے جو نتائج اخذ کیے وہ عالمگیر اہمیت کے حامل ثابت ہوئے۔انہوں نے اپنے افکار کی ہمہ گیریت کی بناء پر عالمگیر مقبولیت حاصل کی۔ڈاکٹر یوسف حسین خان کہتے ہیں کہ "اقبال کو چونکہ اپنا پیغام عام لوگوں کو پہنچانا تھا اس لیے اس کے بیان میں وضاحت اور پھیلاو ہے۔اقبال کی نوائے گرم کی بلند آہنگی اس کی مقصدیت کی اندرونی لہر سے ہم آہنگ ہے۔"۱۵

اسی طرح لوس کلوڈ اپنے مضمون " IQBAL:AGREAT HUMANIST" میں لکھتی ہیں کہ:

"Muhammad iqbal is one of the greatest Figures in the literary history of the east۔ He come at a difficult moment to give courage and hope." ۱۶

اقبال ایک ہمہ گیر شخصیت جن کی ہمدردیاں اتنی وسیع ہیں کہ ان میں تمام دنیا کے انسان بلا امتیاز نسل و ملک سماجاتے ہیں۔آپ عظمتِ انسانی کے علمبردار ہیں اس لیے اقبال کو مشرق و مغرب میں یکساں عزت حاصل ہے۔برصغیر پاک وہند کے علاوہ مغرب کے کئی ممالک میں اقبال شناسوں نے اقبال پر کئی حوالوں اور زوایوں سے کام کیا ہے۔برصغیر پاک وہند میں مولوی احمد دین سے لے کر ڈاکٹر رفیع الدین ہاشمی اور برصغیر پاک وہند سے باہر مغرب میں نکلسن سے لے کر ڈاکٹر این میری شمل تک اقبال شناسی کی روایت پھیلی نظر آتی ہے۔صرف مرد حضرات کا ہی اقبال شناسی پر کام موجود نہیں بلکہ خواتین کا بھی اقبال پر کیا گیا کام قابلِ تعریف ہے۔

مختلف شہروں میں اقبالیاتی تحقیق پر مشتمل کتب کی اشاعت، اقبال شناسی کا ایک شاخسانہ ہے۔اقبال اور لاہور، اقبال اور گجرات، اقبال اور لیہ، اقبال اور بھوپال، اقبال اور

کشمیر، اقبال اور بلوچستان، اقبال اور افغانستان، اقبال اور سرگودھا، اقبال اور سیالکوٹ، اقبال اور ڈیرہ غازی خان، اقبال اور ہند، اسی طرح کی کئی کتب مختلف شہروں کے اقبالیاتی کام کو متعارف کروا رہی ہیں۔ پاکستان میں اقبال شناسوں کی ایک بڑی جماعت کام کر رہی ہے۔ عصرِ حاضر میں لاتعداد احباب فکر اقبال کی ترویج و تفہیم کے لیے کام کر رہے ہیں۔ بقول ہارون الرشید تبسم:

"ڈاکٹر علامہ محمد اقبال صرف مسلمانوں کے لیے ہی نہیں سوچتے تھے بلکہ ان کی نظر عالمی افق پر رہتی ہے یہی وجہ ہے کہ انہیں ہر دور اور ہر ملک میں سراہا گیا۔"۱۷

دنیا کے بڑے بڑے فلسفی اقبال کی عظمت اور اہمیت کا اعتراف کرتے ہیں۔ مختلف ممالک میں برپا ہونے والی تجدید و احیائے دین کی تحاریک کے پس منظر میں اقبال کے افکار کی علمداری دکھائی دیتی ہے۔ اقبال کا فلسفہ جو محض ایک لفظ پر مشتمل ہے پوری کائنات کو اپنے دائرہ کار میں سمیٹے ہوئے ہے۔ اس ایک لفظ یعنی "خودی" کی لاکھوں اوراق پر مشتمل تشریحات ہو چکی ہیں اور مزید سے مزید وضاحتوں کا سلسلہ جاری ہے۔ اسی ایک لفظی فلسفہ نے اقبال کو امامِ فلسفہ کی مسند پر بٹھایا۔ اقبال کے افکار کی روشنی سے اندھیروں کو دور کرنے کا اہتمام کیا گیا۔ اقبال کے انقلاب آفریں کی بدولت زمانہ ان کی جانب جلد متوجہ ہوا۔ زاہد حسین انجم کے مطابق:

"اقبال کون ہیں ؟ اقبال شاعر امروز، نابغہ روزگار، عالمی مفکر و مدبر، حکیم ملت، ترجمان حقیقت، دانائے راز، گنبد خضرا کے شیدائی، دینی علوم کے بحر بیکراں، تصور پاکستان کے خالق، مسلمانان برصغیر پاک و ہند کے غم خوار، رفعت خیال و قوت، بصیرت اور اعلیٰ ذوق عمل کے بہترین عکاس، قائد کے مدبر دوست۔۔۔ اقبال کی شخصیت کی شناخت صرف یہیں ختم نہیں ہو جاتی بلکہ اس کے کہیں بڑھ کر اقبال خودی کے پیامبر

،محبت و یگانگت کے حسین پیکر، عقل و شعور کے مینارہ نور، ایک شفیق باپ، ایک باوفا شوہر ،المختصر یہ کہ وہ سیرت و کردار کے بحر بے کراں ہیں۔"۱۸

پڑوسی ملک ایران میں تو اقبال شناسی کی قابل تقلید روایت ہے۔ ان میں سید محمد محیط طباطبائی سعید غنی ،ڈاکٹر غلام حسین یوسفی،ڈاکٹر جلال متینی، ڈاکٹر فریدوں بدرہ ای،صادق سرمد، ڈاکٹر رضا زادہ شفیق ،ڈاکٹر احمد علی رجائی ، علی اکبر دہخدا،ادیب برومند، احمد گلچیں معانی، علی اصغر حکمت، کاظم رجوی ایزد، منو چہر طالقانی، قاسم رسا، امیر شفائی نوا، علی خدائی ،ڈاکٹر علی نہاد تارلان ، آیت اللہ سید علی خامنہ ای، حسین علی سلطان زادہ پسیان اور دیگر دانش ور شامل ہیں۔

بھارت میں اقبال شناسی کے حوالے سے جگن ناتھ آزاد، اقبال سنگھ ،ڈاکٹر سجد انند سنہا، رام بابو سکسینہ ،ڈاکٹر ملک راج آنند، مالک رام، نربھے رام جوہر، سر جو گندر سنگھ ،ڈاکٹر گیان چند، سردار گوریجن سنگھ ، ہنس راج رتن، مہاراجہ سر کشن پرشاد، پروفیسر م۔ ت استیتاس ،ڈاکٹر بوسانی ،ڈاکٹر گوپی چند نارنگ ،رابندر ناتھ ٹے گور، تلوک چند محروم، کلدیپ نیر، سر تیج بہادر سپرو، مجنوں گورکھپوری، عالم خوند میری ،ڈاکٹر میر ولی الدین ،ڈاکٹر عشرت حسن انور، مولانا عبد السلام ندوی، شمس الرحمن فاروقی، بلراج کومل، بلونت سنگھ لانبا، خشونت سنگھ اور کئی اقبال شناس مقبول ہیں۔عالمی سطح کے مستشرقین میں پولو لنسکایا، میر بٹا سٹے پین نیتتیس، این میری شمل، سر ٹامس آرنلڈ، پروفیسر نکلسن، پروفیسر آربری اور اقبال، پروفیسر ڈکنسن ،فاسٹر ،ایوا ماریوچ، لوئی میسون، لوس کلوڈ میتیخ،ڈاکٹر شیلا میکڈونا، ڈاکٹر باربر امٹکاف ،ڈاکٹر یاں ماریک ، ہربرٹ ریڈ، سر مالکم ڈارلنگ ،رش برک ولیمز اور لا تعداد اقبال شناسوں نے اپنے اپنے زاویہ نظر سے اقبال شناسی کو فروغ دیا۔ڈاکٹر شفیق عجمی رقم طراز ہیں:

"اقبال کے فکر کی تازگی، بلند آہنگی اور انقلابیت سے زمانہ آنکھیں کھول کر اس کی طرف متوجہ ہونے پر مجبور ہو گیا۔ علمی دنیا میں اس کا خیر مقدم کیا گیا، اس کے فکر و شعر کی تفہیم و تشریح کے عمل کا آغاز ہوا، تراجم ہوئے، بحث و تنقید کا دروازہ کھلا، اتفاق و اختلاف، ردو قبول، اخذ و اکتساب کے سلسلے بڑھتے چلے گئے اور ایک روایت کا آغاز ہوا، جو جلد ہی بر عظیم کی جغرافیائی حدود کو پار کر کے چار دانگ عالم میں پھیلی، پروان چڑھی اور مستحکم ہوتی چلی گئی۔ آج اس روایت کو "اقبال شناسی" کا عنوان دیا جاتا ہے، جس میں مشرق و مغرب کے نامور محققین، شارحین اور ناقدین کی ایک بڑی تعداد نے اپنے انداز اور اسلوب میں بہت کچھ Contribute کیا ہے۔ جس سے اس روایت کو قوت، تحریک اور وسعت حاصل ہوئی ہے۔"۱۹

اقبال کے عالمگیر فلسفۂ حیات کا یہ کاروانِ اقبال اپنی منزل کی طرف بڑھ رہا ہے۔ اس بات کا ادراک تو دنیا بھر کے ناقدین کر رہے ہیں کہ وہ خود نمائی سے بالاتر تھے۔ درویشی ان کے خمیر میں شامل تھی۔ وہ بر صغیر پاک و ہند سے اُٹھے اور دنیا بھر کے علوم و فنون کو اپنی لپیٹ میں لے لیا۔ صبری تبریزی لکھتے ہیں:

"اقبال کا تخیل نہ تو مجرد تھا اور نہ محدود، یہ اس کے معاشرے کی جڑوں میں پیوست تھا، اس کی آرزو اور مقصد کا محرک یہ تھا کہ معاشرے کو تخلیق کیا جائے اور اس کے مفادات کا تحفظ کیا جائے۔"۲۰

مختلف ممالک میں بھی اقبال کے فکر و فن پر بہت سا کام ہو رہا ہے۔ اقبال شناسی کی بین الاقوامی روایت کے پیشِ نظر کلام اقبال میں آفاقیت کا مسئلہ اپنے حل کے لیے نظریاتی بحث سے ہٹ کر اب عملی صداقت کا روپ دھار چکا ہے۔ اقبال کے آفاقی کلام کو پڑھنے والوں نے مختلف زبانوں میں تراجم بھی کیے اور یوں اقبال کو مختلف زبانوں اور

مختلف ممالک میں پڑھا اور سمجھا جانے لگا۔ ڈاکٹر طہٰ حسین رقمطراز ہیں:

"اقبال کی سوچ بڑی منطقی بھی تھی، وہ اجتماعیت کا قائل تھا اور جماعت کے لیے ہر ممکن حد تک مخلص۔ چنانچہ اس نے خود اپنی ساری زندگی عالمِ اسلام اور بنی نوع انسان کے لیے اس تعلیم و ارشاد اور نصیحت و دعوت میں صرف کر دی کہ انسان خود اپنی نگاہ میں معتبر ہو تا کہ لوگوں کی نگاہ میں محترم ہو اور نتیجتاً زندگی کی نگاہ میں بھی وقیع ہو۔"۲۱

آج اقبالیات کو ایک باقاعدہ شعبہء علم قرار دیا جاچکا ہے۔ پاکستان اور دیگر ممالک سے باہر بھی اقبال کی زندگی، ان کی شاعری اور فکر پر مختلف زبانوں میں بہت کچھ لکھا گیا ہے اور تحقیق کا یہ سلسلہ جاری ہے۔ اب تک ہونے والے کام پر اگر ایک نظر ڈالی جائے تو "اقبالیاتی ذخیرے" کو دیکھ کر اطمینان بھی ہوتا ہے کہ اردو کے کسی شاعر یا ادیب کی تخلیقات پر اس درجہ ہونے والے کام کی مثال اس سے پہلے نظر نہیں آتی۔

پاکستان کی اعلیٰ تعلیمی درسگاہوں کے علاوہ مسلم یونی ورسٹی، علی گڑھ، بہار یونی ورسٹی (بھارت)، ڈرہم یونی ورسٹی (انگلستان)، تہران یونی ورسٹی (ایران)، عین الشمس یونی ورسٹی، قاہرہ (مصر)، چارلز یونی ورسٹی، پراگ (چیکو سلواکیہ) میں اردو، انگریزی، فارسی، عربی اور چیک زبانوں میں پی ایچ ڈی کی سطح پر مقالات تحریر کیے گئے ہیں۔ جرمنی اور فرانسیسی زبان میں لکھے گئے مقالات کی تفاصیل بھی منظر عام پر آئی ہیں۔ یہ ڈگریاں اردو اور فارسی شعبوں کے علاوہ عربی، فلسفہ اور سیاسیات کے شعبوں میں عطا کی گئیں۔ مختلف جامعات میں ایم۔ اے کی سطح پر لکھے جانے والے مقالات بے شمار ہیں جبکہ ایم۔ فل کی سطح پر بھی کام جاری ہے اور اقبالیات کے موضوع پر اب تک سینکڑوں مقالات قلمبند کیے جاچکے ہیں۔

پاکستان میں کئی نجی اشاعتی ادارے بھی اقبالیات کے حوالے سے قابل قدر خدمات

انجام دے رہے ہیں اس کے علاوہ مختلف اداروں کی اقبال شناسی کی کتب بھی منظر عام پر ہیں۔ وفاقی سطح پر قائم "اقبال اکادمی پاکستان "جس کا دفتر اور لائبریری ایوان اقبال ،لاہور میں موجود ہے ،اپنے انگریزی سہ ماہی مجلات "اقبالیات" اور " Iqbal Review"اور دوسری علمی وادبی سرگرمیوں کے ذریعے افکارِ اقبال کی ترویج واشاعت میں اپنافعال کردار اداکررہی ہے۔

اقبال اکادمی پاکستان اور بزم اقبال لاہور کے علاوہ بعض دوسرے سرکاری نیم سرکاری علمی اداروں نے بھی اقبال اور فکر اقبال کے حوالے سے اہم کتابیں شائع کیں ہیں۔ جیسے ادارہ ثقافت اسلامیہ لاہور کی طرف سے " Reconstruction of Religious Thought in Islam"بین الاقوامی اسلامی یونی ورسٹی ،ادارہ تحقیقات اسلامی ،اکادمی ادبیات ،کی طرف سے سال ۲۰۰۲ءکے موقع پر "اقبال کے سو سال" کے عنوان سے منتخب مضامین کا مجموعہ شائع کیا گیا ہے اس کے علاوہ ادارہ فروغ اردو، مجلس ترقی ادب، انجمن ترقی اردو، نظریہ پاکستان ٹرسٹ، نظریہ پاکستان اکادمی، نیشنل بک فاونڈیشن پاکستان، ادارہ مقتدرہ قومی زبان ،لوک ورثہ ،ادارہ مطبوعات پاکستان، نظریہ پاکستان کونسل ،علامہ اقبال اوپن یونی ورسٹی، مجلس اقبال، دبستان اقبال، ایسے کئی اداروں نے اقبال شناسی کی روایت کو مستحکم کررکھاہے۔ شفیق عجمی لکھتے ہیں:

"پاکستان کی مختلف جامعات میں اقبالیات کے باقاعدہ شعبے قائم ہیں جبکہ ۱۹۷۴ءمیں اسلام آباد میں فاصلاتی تعلیم کے لیے قائم ہونے والی یونی ورسٹی کو اقبال کی ولادت کے جشن صد سالہ کی مناسبت سے ۱۹۷۷ءمیں علامہ اقبال اوپن یونی ورسٹی کا نام دیا گیا جس میں دوسرے شعبوں کے علاوہ ۱۹۸۱ءسے شعبہءاقبالیات بھی افکارِ اقبال کے فروغ میں نمایاں کردار اداکررہاہے۔"۲۲

پاکستان میں علامہ اقبال یونی ورسٹی کو یہ اختصاص حاصل ہے کہ جہاں اقبالیات کو ایک باقاعدہ مضمون کے طور پر اعلیٰ ثانوی سطح سے لے کر ایم۔ فل اور پی ایچ۔ڈی کی سطح تک وسعت دے دی گئی ہے اور متعدد سکالرز کو پی ایچ۔ڈی کی سطح کے تحقیقی مقالات کی تکمیل پر ڈگریاں دی جاچکی ہیں اور کئی مقالات زیر تکمیل ہیں اس کے علاوہ تعلیمی اداروں میں اقبالیات کے حوالے سے خصوصی نمبر بھی قابلِ تعریف ہیں۔

پاکستان میں اقبال شناسی کا دائرہ بہت وسیع ہے۔ علامہ اقبال کے یوم وفات اور سالگرہ کے موقع پر بہترین تقریبات کا انعقاد اقبال شناسی کے لیے بہت مفید ثابت ہو رہا ہے۔ اقبال شناسی کی روایت کو بامِ عروج تک لے جانے میں رسائل و جرائد کا کردار بھی بہت اہم رہا ہے۔ اردو زبان و ادب کے ارتقاء میں ادبی رسائل نے ہمیشہ بنیادی کردار ادا کیا ہے۔

بیسویں صدی کے آغاز کے ساتھ ہی شیخ عبدالقادر نے لاہور میں "مخزن" کے اجراء کو جریدی صحافت میں ایک اہم موڑ قرار دیا جاسکتا ہے۔ یہی نہیں بلکہ لاہور کے ادبی پرچوں کے حوالے سے اردو ادب کی ایک نئی تاریخ مرتب کی جاسکتی ہے۔ ابتداء ہی سے "مخزن " کا کوئی پرچہ اقبال کے کلام سے خالی نہ ہوتا۔ "بانگ درا" کی بیشتر نظمیں "مخزن" کی زینت بن چکی تھیں۔ جنوری ۱۹۲۲ء میں لاہور سے "ہمایوں" میں بھی اقبال کا کلام چھپتا رہا۔ علامہ کی شہرہ آفاق نظم "خضر راہ" ۱۹۳۱ء کے شمارے میں چھپی اور ساتھ میں اس کی رنگین عکاسی بھی کی گئی۔ "نیرنگ خیال"، "ادبی دنیا"، "ادب لطیف"، "سویرا"، "نقوش"، اور "فنون" یہ محض چند جریدوں کے نہیں بلکہ ادبی میلانات کے دھاروں کے تال میل کی داستان کے درخشندہ ابواب ہیں۔ جولائی ۱۹۲۴ء میں لاہور سے "نیرنگ خیال" کا اجراء ہوا۔ اس رسالہ نے ایک مخصوص نظریاتی نوعیت کا مواد لکھنے والا

حلقہ پیدا کیا۔ جس میں علامہ اقبال سرفہرست تھے۔ نیرنگ خیال میں وقتاً فوقتاً اقبال کی مختلف تخلیقات شامل ہوتی رہیں۔ "ادبی دنیا" نے اقبال نمبر بھی شائع کیے۔ "ماہ نو" سید وقار عظیم کی ادارت میں ۱۹۴۷ء میں کراچی سے جاری ہوا۔ اس پرچے میں اقبال پر مضامین پیش کیے جاتے رہے جن میں "اقبال نمبر" قابل ذکر ہے۔ شورش کشمیری کا ہفت روزہ "چٹان" جنوری ۱۹۴۸ء میں جاری ہوا۔ گو اس کا اساسی موضوع سیاست ہے لیکن اس نے ادب کو سماج کے ایک موثر وسیلے کے طور پر قبول کیا۔ ہر سال اپریل میں "اقبال نمبر" کی اشاعت اس کی نمایاں خصوصیت تھی۔ شورش نے خود بھی اقبال کی تفہیم و تعبیر کے لیے متعدد مضامین لکھے۔ جولائی ۱۹۴۸ء میں ہفت روزہ "قندیل" کا اجراء لاہور سے ہوا۔ بقول ڈاکٹر انور سدید:

"قندیل" میں اقبالیات کو ایک اہم موضوع کی حیثیت حاصل رہی ہے۔ چنانچہ ہر سال اپریل میں اقبال کے یومِ وفات پر ایک پرچے میں ان پر چند صفحات ضرور مخصوص کیے جاتے اور ان کے شایانِ شان خراج تحسین پیش کیا جاتا"۔ ۲۳

ماہر القادری کے ادبی، مذہبی اور سیاسی پرچے "فاران" میں بھی موضوعات اقبال کو زیادہ اہمیت دی جاتی۔ اسی طرح ۱۹۴۹ء کراچی سے شائع ہونے والے "قومی زبان" میں بھی وقفے وقفے سے اقبال پر مقالات و مضامین چھپتے رہے اور علامہ کی برسی پر خصوصی شمارہ شائع کیا جاتا۔ اپریل ۱۹۵۰ء میں لاہور سے "اقدام" کا اجراء ہوا۔ یہ پرچہ ہر سال اپریل میں اقبال نمبر شائع کرنے کا اہتمام کرتا۔ سہ ماہی مجلہ "اقبال" لاہور سے ۱۹۵۲ء میں جاری ہوا۔ اقبالیات کو اس دور میں ایک موضوع کی حیثیت حاصل تھی۔ اسی طرح "اقبال ریویو" کا مقصد اقبال کی زندگی شاعری اور حکمت کے مطالعہ پر تجزیاتی تشریحی، تحلیلی اور عملی مضامین شائع کرنا تھا۔ "سویرا" میں بھی موضوع اقبال پر

مختلف مضامین اور مقالات چھپتے رہے۔'نقوش" لاہور سے موضوع اقبال پر وقفے وقفے سے تحقیقی و تنقیدی مقالات چھپتے رہے۔ ہفت روزہ "لیل و نہار" کا اجراءلاہور سے ۱۹۵۱ءمیں ہوا۔ اس کے مدیران فیض احمد فیض اور سبط حسن تھے۔اس رسالہ میں بھی وقفے وقفے سے اقبالیات کو موضوع بحث بنایا گیا۔ماہنامہ "سیارہ" اگست ۱۹۶۲ءلاہور سے جاری ہوا۔ سیارہ کا دوسرا اہم موضوع اقبالیات ہے۔ جنوری ۱۹۶۶ءمیں لاہور سے ڈاکٹر وزیر آغا کی ادارت میں "اوراق"میں اقبالیات کے حوالے سے "جدید نظم نمبر (۱۹۷۷ء) اس کا ایک بڑا کارنامہ ہے۔اس کی اشاعت میں بنیادی طور پر یہ نکتہ اُبھرا کہ جدید اردو نظم کو اقبال نے سب سے زیادہ متاثر کیا۔

سہ ماہی جریدے "غالب" کا آغاز جنوری ۱۹۷۵ء فیض احمد فیض کی ادارت میں ہوا۔ اقبال کے جشن صد سالہ "اقبال نمبر" شائع کیا جو ایسے مضامین پر مشتمل تھا جو اپنے وقت کے معروف و محترم رسائل میں شائع ہوئے تھے۔ لیکن اب عام لوگوں کی دسترس سے باہر تھے۔ اس ضمن میں آغا حیدر، حسن مرزا، سکندر علی وجد، مختار صدیقی اور پاشارحمن کے مضامین کی اشاعت بھی کی گئی۔ ستمبر ۱۹۷۷ء میں "اقبال نمبر" اس کا آخری شمارہ تھا۔ صرف یہی رسائل نہیں جو فکر اقبال کو اجاگر کرنے میں پیش پیش رہے بلکہ اس کے علاوہ بے شمار رسائل اور دوسرے کالج یونی ورسٹی وں کے میگزین بھی ہیں۔ جنہوں نے موضوعات اقبال کو اپنایا اور ان پرچوں کے اقبال نمبر تک چھپتے رہے مگر افسوس تمام رسائل کا احاطہ کرنا یہاں ممکن نہیں ہے۔

مشرق و مغرب میں پھیلی ہوئی اقبال شناسی کی عالمی روایت ایک متحرک اور توانا تحریک کے طور پر اکیسویں صدی میں داخل ہو چکی ہے۔ گزشتہ اوراق میں اسی روایت کا ایک اجمالی جائزہ پیش کیا گیا اور کوشش کی گئی ہے کہ تفہیم اقبال کے سلسلے میں کی جانے

والی کاوشوں کا نہ صرف مجموعی جائزہ پیش کیا جائے بلکہ ان محرکات و رجحانات کا فہم بھی حاصل کیا جاسکے جو اس علمی روایت کے تسلسل کا باعث بنے اور اس ضمن میں ان اہم اقبال شناسوں کی عملی کارگزاریوں پر ایک طائرانہ نگاہ ڈالی جائے جنہوں نے بطور مترجم ،مفسر، محقق ،شارح ،ناقد اور ترجمان اقبال کی حیثیت سے اس روایت کو اعتبار بخشا اور اقبال کے فکر و شعر کے کسی نہ کسی پہلو کو روشن کیا، دوسروں کو بھی آگے بڑھنے ،اقبال کو سمجھنے اور سمجھانے کی ترغیب دی اور اپنا دیانتدرانہ علمی موقف پیش کرنے کا حوصلہ بخشا۔

اقبالیاتی ادب کا رقبہ بہت پھیلا ہوا ہے۔ قاضی احمد میاں اختر جونا گڑھی کے مطابق:

"اب تک اقبالیات کے نام سے جو ذخیرہ ادب تیار ہو چکا ہے وہ اس پایہ کا نہیں جیسا کہ ہونا چاہیے اور جس سے اقبال کے مطالعہ میں کافی مدد مل سکے اس کا سبب ظاہر ہے کہ اب تک کسی خاص منصوبہ بندی کے تحت یہ کام نہیں کیا گیا اور سوائے ان گنے چنے لوگوں کے جنہوں نے اپنے ذاتی شوق اور مطالعہ سے اقبال کی کسی نہ کسی حیثیت پر کام کیا، باقی اکثر تحریرات یا تو ایک دوسرے کی نقل ہیں یا محض مدحیہ اور ستائشی ہیں۔"۲۴

اقبال صدی نے اقبال شناسی کی جو تحریک پیدا کی تھی، اس کے اثرات باقی ہیں اور مختلف سطحوں پر مطالعہ اقبال جاری وساری ہے۔ اس مطالعے میں دقت نظر اور گہرائی پیدا کرنا اقبالیات کا بنیادی تقاضا ہے۔ جو اقبال شناسی میں امتیازی درجہ رکھتے ہیں۔ ڈاکٹر علامہ محمد اقبالؒ عالمگیر شہرت کے حامل ہیں۔ اُن کا آفاقی پیغام دنیا کی مختلف زبانوں میں منظر عام پر آچکا ہے۔ جہاں اُردو بولی جاتی ہے وہاں اقبال کی تعریف و توصیف کسی نہ کسی حوالے سے کی جاتی ہے۔ دنیا کے کونے کونے میں اقبال شناس، افکارِ اقبال کی ترویج کے لیے اپنے اپنے دائرہ کار کے مطابق مصروف عمل ہیں۔ اقبال شناسوں نے تحقیقی و تنقیدی کتب، تحقیقی مقالات ،رسائل و جرائد اور اخبارات میں اقبالیاتی تحریریں پیش کیں۔

اقبالیات میں اقبال شناسوں کے مقالات اور مضامین کی تعداد بہت زیادہ ہے۔ان میں سے بیشتر مضامین مختلف کتابوں میں شائع ہو چکے ہیں۔اقبال شناسوں نے اقبال شناسی کے فروغ کو اپنی زندگی کا مشن سمجھااور اس بلند پایہ شاعر اور فلسفی کو نہ صرف اپنی شاعری کے توسط سے خراج عقیدت پیش کیا بلکہ دلکش نثر کے ذریعے اقبال کی شخصیت،شاعری ،فلسفہ اور پیغام کو عوام تک پہنچایا۔

حوالہ جات

۱- سلیم احمد،اقبال ایک شاعر،لاہور، قوسین،۱۹۸۷ء،ص ۱۵

۲۔ سلیم اختر،ڈاکٹر،اقبال۔ممدوح عالم (مرتبہ)،لاہور،بزم اقبال،۱۹۷۸ء،ص ۴۹

۳- محمد منور، پروفیسر، حرف آغاز،میزان اقبال، لاہور، اقبال اکادمی پاکستان، ۱۹۹۲ء، ص ۱۳،۱۴

۴۔ مولوی سید احمد دہلوی (مرتبہ)فرہنگ آصفیہ،جلد سوم تا چہارم، س تا یے،لاہور،اُردو سائنس بورڈ، طبع دوم، جولائی ۱۹۸۷ء ص ۱۸۹

۵-وارث سرہندی ایم اے، علمی اُردو لغت (جامع)،لاہور، علمی کتب خانہ کبیر سٹریٹ اُردو بازار، طبع دوم ۱۹۹۶ء، ص ۹۶۱

۶- قاضی احمد میاں اختر جوناگڑھی کی تالیف "اقبالیات کا تنقیدی جائزہ" پہلی بار کراچی ،اقبال اکادمی پاکستان کی طرف سے ۱۹۵۵ء میں شائع ہوئی جبکہ اس کا دوسرا ایڈیشن ۱۹۶۵ء میں مولف کی وفات کے بعد بغیر کسی ترمیم و اضافے کے شائع ہوا۔البتہ ادارے کی طرف سے یہ وضاحت کی گئی کہ پہلی طباعت کی غلطیوں کو دور کرنے کی حتی الوسع کوشش کی گئی ہے ہمارے پیش نظر یہی دوسرا ایڈیشن ہے۔ص ۱۲،۱۱،۱۰

۷- احمد علی رجائی ،ڈاکٹر ، اقبال: ممدوح عالم، مشمولہ،اقبال۔ممدوح عالم،مرتب ڈاکٹر سلیم اختر،لاہور،سنگ میل پبلی کیشنز،۲۰۱۳ء، ص ۵۴

۸۔ سید ابوالحسن علی ندوی، نقوش اقبال، اسلام آباد، سروسز بک کلب، ۱۹۸۸ء، ص ۹۹

۹۔ مصباح الحق صدیقی، اُمت مسلمہ کے اتحاد کی بنیاد، مشمولہ، اقبال افکار و خیالات، مرتبہ مصبا ح الحق صدیقی، تسنیم کوثر گیلانی، لاہور، فرحان پبلشر، جون ۱۹۷۷ء، ص ۱۳۲۔۱۳۱

۱۰۔ شاہد اقبال کامران، اقبال دوستی، اسلام آباد، پورب اکادمی، اپریل ۲۰۰۹ء، ص ۲۷

۱۱۔ مجلہ راوی، گورنمنٹ کالج، لاہور، شمارہ مئی۔ جون ۱۹۳۸ء، ص ۳۔۲

۱۲۔ ایس آئی فہد، اقبال کا انقلابی فلسفہ، مشمولہ، مسلم ممالک میں اقبال شناسی کی روایت، مرتب ڈاکٹر سلیم اختر اقبال، لاہور سنگ میل پبلی کیشنز، ۲۰۱۳ء، ص ۲۶۴

۱۳۔ آر اے نکلسن، اقبال بدیشی زمینوں میں، مشمولہ، اقبال۔ ممدوح عالم، مرتب ڈاکٹر سلیم اختر، لاہور، سنگ میل پبلی کیشنز، ۲۰۱۳ء، ص ۳۸

۱۴۔ ای۔ ایم فارسٹر، محمد اقبال، مشمولہ، اقبال۔ ممدوحِ عالم، مرتب ڈاکٹر سلیم اختر، لاہور، سنگ میل پبلی کیشنز، ۲۰۱۳ء، ص ۱۰۵

۱۵۔ یوسف حسین، خان، ڈاکٹر، غالب اور اقبال کی متحرک جمالیات، ملتان، کاروان ادب، ۱۹۸۶ء، ص ۲۹

۱۶۔ Luce Claude Maitre, "IQBAL:A GREAT HUMANIST "Hundred years of iqbal studies "compiled by Dr Waheed- \- pakistan Academy of letters\ Islamabad ٢٦٥g-,p٢٠٠٣Ishrat

۱۷۔ ہارون الرشید تبسم، ڈاکٹر، چند ہم عصر اقبال شناس، جہلم، بک کارنر، ۲۰۱۸ء، ص ۱۶

۱۸۔ زاہد حسین انجم، علامہ اقبال سیرت و کردار کے آئینہ میں، لاہور، نذیر سنز پبلشرز، ۲۰۰۹ء، ص ۷

۱۹۔ شفیق عجمی، ڈاکٹر، اقبال شناسی عالمی تناظر میں، لاہور، پاکستان رائٹرز کوآپریٹو سوسائٹی، ۲۰۱۱ء، ص ۱۰

۲۰۔ صبری تبریزی، مسلم ممالک میں اقبال شناسی کی روایت، مشمولہ، مسلم ممالک میں اقبال شناسی کی روایت، مرتب ڈاکٹر سلیم اختر، لاہور، سنگ میل پبلی کیشنز، ۲۰۱۳ء، ص ۳۵

۲۱۔ طٰہٰ حسین، ڈاکٹر، مسلم ممالک میں اقبال شناسی کی روایت، مشمولہ، مسلم ممالک میں اقبال شناسی کی روایت، مرتب ڈاکٹر سلیم اختر، ص ۳۶

۲۲۔ شفیق عجمی، ڈاکٹر، اقبال شناسی عالمی تناظر میں، ص ۲۲

۲۳۔ انور سدید، ڈاکٹر، مشمولہ "قبال اور اقبال شناسی"، از اقرار حسین شیخ، لاہور، دی بکس ۲۰۰۴ء، ص ۲۹

۲۴۔ قاضی، احمد میاں اختر، جونا گڑھی، اقبالیات کا تنقیدی جائزہ، لاہور، اقبال اکادمی پاکستان، ۱۹۶۵ء، ص ۱۷۱

٭٭٭

یوسف حسین خان کی اقبال شناسی

ڈاکٹر امتیاز احمد ملک

ڈاکٹر یوسف حسین خان کا شمار بر صغیر پاک وہند کے نامور ادیبوں میں ہوتا ہے۔ ان کو اردو، عربی، فارسی، انگریزی، اور فرانسیسی زبانوں پر عبور حاصل تھا۔ یوسف حسین خان بنیادی طور پر تاریخ کے طالب علم اور استاد تھے۔ وہ جامعہ عثمانیہ کے شعبہ تاریخ میں بطور پروفیسر ۲۸ سال تک خدمات انجام دیتے رہے۔ اردو زبان ان کا اُوڑھنا بچھونا تھی۔ اردو ادب سے ان کا یہ عشق مختلف تصانیف کی صورت میں نمودار ہوا۔ انہوں نے اردو ادب میں مختلف موضوعات پر قلم اُٹھا کر محب اردو ہونے کا ثبوت دیا۔ اردو ادب میں ان کی شناخت بحثیت محقق اور نقاد کے ہے۔ انہوں نے جن موضوعات پر قلم اُٹھایا ہے ان میں حافظ، غالب، اقبال، حسرت، اردو غزل، فرانسیسی ادب، ترجمہ نگاری، کاروان فکر، اور سوانح عمری شامل ہے۔

یوسف حسین خان نے ان تصانیف میں نہایت عمدگی اور ناقدانہ بصیرت کا ثبوت دیا ہے۔ اردو غزل میں انہوں نے غزل کے تمام لوازمات سے بحث کی ہے۔ اردو غزل پر جو اعتراضات حالی کے وقت سے چلی آرہی تھی ان کا مدلل انداز میں جواب دیا تھا۔ اردو غزل میں یوسف حسین خان نے غزل کی وکالت کی اور اس کتاب میں وہ غزل کے روشن مستقبل کے خواہاں نظر آتے ہیں۔ " فرانسیسی ادب " میں انہوں نے فرانس کی تاریخ، وہاں کی

ثقافت، طرز معاشرت، اور فرانس کی تحریکات کا تاریخی تناظر میں جائزہ لیا ہے۔ "فرانسیسی ادب" اردو ادب میں اس موضوع پر لکھی گئی پہلی تصنیف ہے۔ غالب پر لکھی گئی ان کی تصانیف "غالب اور آہنگ غالب" اور "غالب اور اقبال کی متحرک جمالیات" غالب شناسی میں ایک عمدہ اضافہ ہیں۔ اپنی خود نوشت سوانح عمری "یادوں کی دنیا" میں انہوں نے اپنی حالات زندگی کے ساتھ ساتھ بہت سارے تاریخی موضوعات پر بھی روشنی ڈالی ہے۔ "یادوں کی دنیا" نہ صرف ان کی خود نوشت ہے بلکہ اس عہد کی تاریخ بھی ہے۔

یوسف حسین خان کا شمار اردو ادب کے بلند پایہ ادیبوں و نقادوں میں ہوتا ہے۔ بطور اقبال شناس بھی ان کا مقام کافی بلند ہے۔ اقبال پر ان کی تین کتابیں "روح اقبال" "حافظ اور اقبال" اور "غالب اور اقبال کی متحرک جمالیات" شامل ہیں۔ اقبالیات پر اردو ادب میں جن حضرات نے قلم اُٹھایا ہے۔ ان کی فہرست طویل ہے۔ ان میں نمایاں نام یوسف سلیم چشتی، غلام رسول مہر، خلیفہ عبدالحکیم، یوسف حسین خان، کلیم الدین احمد، عزیز احمد اور جگن ناتھ آزاد شامل ہیں۔ یوسف حسین خان کی اقبالیات پر لکھی ہوئی کتابیں اقبال شناسی میں سنگ میل کی حیثیت رکھتی ہیں۔

اقبالیات کے حوالے سے جن ادبا نے ابتدا میں تصانیف لکھی ہیں۔ ان میں مولوی احمد الدین کی کتاب۔" اقبال" ، خلیفہ عبدالحکیم کی "فکر اقبال" اور یوسف حسین خان کی " روح اقبال " کے نام اہمیت کے حامل ہیں۔ یہ وہ ابتدائی کتابیں ہیں جنہوں نے اقبال شناسی کی راہ ہموار کی۔ " روح اقبال " کو یوسف حسین خان نے ۱۹۴۱ء میں تحریر کیا۔ اقبال کے حوالے سے ان کی یہ تصنیف ایک شاہکار کی حیثیت رکھتی ہے۔ انہوں نے اقبال پر تب قلم اُٹھایا جب اقبال پر بہت کم شخصیات نے قلم اُٹھایا تھا۔ اس حوالے سے سید صباح الدین عبد الرحمٰن اپنی تصنیف "بزم رفتگاں" میں لکھتے ہیں:

"غالب کو سمجھانے میں اولیت کا جو درجہ حالیؔ کی "یادگار غالب" کو ہے۔ وہی اقبال کو سمجھانے میں "روح اقبال" کا ہے۔"(۱)

"روح اقبال" کو یوسف حسین خان نے تین ابواب میں تقسیم کیا ہے۔ پہلا باب اقبال اور فن، دوسرا باب اقبال کا فلسفہ تمدن، تیسرا باب اقبال کا فلسفہ مذہب ہے۔ ان ابواب کے تحت یوسف حسین خان نے اقبال کے فکر و فن کا احاطہ کیا ہے اور جگہ جگہ اقبال کے فارسی اور اردو کلام کو سامنے رکھ کر ان کی بہترین انداز میں ترجمانی کی ہے۔ اقبال کے نزدیک فن یعنی آرٹ کی کیا اہمیت ہے اس پر روشنی ڈالی ہے۔ اقبال کے نزدیک وہی فن عمدہ اور قابل ستائش ہے جو زندگی کے مختلف پہلوؤں میں رہنما ثابت ہو۔ اقبال نے اپنی شاعری میں فن کے تمام لوازمات کا خیال رکھا ہے اس کے لئے انھوں نے کافی محنت اور ریاضت کی ہے۔ اسی ریاضت کو انہوں نے خون جگر سے تعبیر کیا ہے۔ یوسف حسین خان نے اقبال کے نظریہ عشق اور عقل پر بھی تبصرہ کیا ہے۔ ان کے مطابق اقبال کے یہاں عشق کو عقل پر برتری حاصل ہے۔ اقبال عشق اور عقل دونوں کی اہمیت کے قائل ہیں اور دونوں کو ایک دوسرے کے لئے لازم اور ملزوم قرار دیتے ہیں۔

یوسف حسین خان نے اقبالؔ کے شاعرانہ مسلک پر بھی روشنی ڈالی ہے۔ ان کے مطابق اقبال کی ہمہ جہت شخصیت کسی ایک نظریہ یا فکر کی حامل نہیں تھی۔ انہوں نے اقبال کی شاعری میں رومانیت، کلاسکیت، تصوریت، اور حقیقت پسندی کے رجحانات کو ظاہر کیا ہے۔ ان کے مطابق اقبال کے یہاں مختلف فکری دھارے مل کر ایک ہو گئے ہیں۔ یوسف حسین کے مطابق اقبال کی فکر اور فن پر کوئی ایک لیبل لگانا ان کے فن کی توہین ہے۔ یہ سب باتیں مصنف نے جزبات میں آ کر نہیں لکھی ہیں بلکہ انہوں نے تحقیق سے اپنی بات کو ثابت کیا ہے۔ ان کے نزدیک اقبال بیک وقت مختلف الجہت فن کار نظر

آتا ہے۔ اس کے علاوہ انہوں نے کلام اقبال کی بہت ساری خوبیوں کا ذکر کیا ہے۔ جس میں اقبال کے تخیل، ان کے تخلیقی پیکر، شاعرانہ مصوری، اور تشبیہات کے استعمال پر سیر حاصل بحث کی ہے۔ اقبال نے اپنی شاعری کے ذریعے فطرت کی تصویر کشی کے اعلیٰ نمونے پیش کئے ہیں۔ اقبال کو تخلیقی پیکر بنانے میں کمال حاصل تھا۔ اقبال نے تشبیہات کو شاعری میں برت کر اسے نئے ڈکشن سے متعارف کیا۔ اس معاملے میں انہوں نے غالب کے انداز بیان کا تتبع کیا۔ یوسف حسین خان کے مطابق اقبال تشبیہات کا بادشاہ ہے۔ انھوں نے اقبال کی غزل پر بھی روشنی ڈالی ہے۔ اقبال نے غزل کو بھی وسعت سے ہمکنار کیا۔ غزل کے میدان میں بھی اقبال نے اپنے فن کے جوہر دکھائے۔ اقبال کی غزلیں حسن ادا کی دلکشی، غنائیت، اور سہل ممتنع کی عمدہ مثالیں ہیں۔ اقبال نے اپنی غزلوں کے ذریعے فکری تسلسل کے کامیاب تجربات کئے ہیں۔

یوسف حسین خان نے اقبال کے فلسفہ تمدن کا گہرائی اور گیرائی سے جائزہ لیا ہے۔ اس میں انہوں نے اقبال کے نظریہ خودی کی بہترین انداز میں ترجمانی کی ہے۔ انہوں نے اقبال کے فلسفہ خودی پر اسلامی تعلیمات کے ساتھ ساتھ مشرقی اور مغربی مفکرین کے اثرات کو بھی واضح کیا ہے۔ جن میں مولانا روم، عبدالکریم جیلی، نطشے، اور فشٹے شامل ہیں۔ اقبال کے فلسفہ خودی کو سمجھاتے ہوئے انھوں نے اس کے مفہوم، تمام مباحث اور روایت کو واضح کیا ہے۔ اقبال کی شعری تخلیقات جن میں اسرار خودی، رموز بیخودی، گلشن راز جدید، کا تجزیہ کر کے اقبال کے فلسفہ خودی کا مکمل خاکہ پیش کیا ہے۔ اقبال کی شاعری مقصد پسندی کی شاعری ہے۔ انہوں نے شاعری کے ذریعے عمل اور امید کا پیغام دیا۔ اس میں انھوں نے مذہب، اخلاق، اور عمل تینوں چیزوں کو ناگزیر قرار دیا۔ یوسف حسین خان نے اقبال کی عظمت آدم کے متعلق خیالات پر روشنی ڈالی۔ اقبال کے مطابق

انسان کائنات کا شاہکار ہے۔ مصنف نے اقبال کے فلسفہ خودی کے ساتھ ساتھ ان کے فلسفہ رموز بیخودی پر بھی روشنی ڈالی ہے۔ انہوں نے اس بحث میں رموز بیخودی کے تمام موضوعات کا بھرپور انداز میں جائزہ لیا ہے۔ اقبال کے کلام میں تاریخ کی بڑی اہمیت ہے۔ مذہب کے بعد تاریخ اقبال کی شاعری کا دوسرا بڑا اہم موضوع ہے۔ یوسف حسین خان کے مطابق اقبال کے یہاں تاریخ ماضی کے عمدہ اور زریں اصولوں کو سمجھنے اور تاریخ کے مثالی واقعات کو سمجھنے اور ان سے بصیرت حاصل کرنے کا ایک اہم ذریعہ ہے۔ اس کے علاوہ انہوں نے اقبال کے مرد مومن اور انسان کامل پر بھی روشنی ڈالی ہے۔ اور اس کو اسلامی تعلیمات کے عین مطابق قرار دیا ہے۔ اقبال کا انسان کامل مذہب، اخلاق، اور عمل کا پابند ہے۔ اس کے علاوہ یوسف حسین خان نے اقبال کے انسان کامل اور نطشے کے فوق البشر کے فرق کو بھی مدلل انداز میں واضح کیا ہے۔

اقبال کے فلسفہ تمدن میں یوسف حسین خان نے نظری مباحث کے بعد عملی مباحث پر بحث کی ہے۔ انہوں نے یہ واضح کرنے کی

کوشش کی ہے کہ اقبال کس نظام کے خواہاں تھے۔ اقبال اس نظام کے معترف نظر آتے ہیں جس کو تاریخ نے خلافت راشدہ کے نام سے اپنے سنہرے الفاظ میں محفوظ کر لیا ہے۔ یہ نظام دنیا کے ایک بہت بڑے حصے پر قایم رہا۔ اس نظام کے ذریعے سماج میں معاشی برابری قایم ہوئی تھی۔ اس کے علاوہ انہوں نے اقبال کے نظریہ اجتہاد پر بھی روشنی ڈالی ہے۔ جو اسلامی تعلیمات کا ایک اہم جزُ تھا۔ اجتہاد کے ذریعے وقت کے تقاضوں کے ساتھ ہم آہنگی اور ربط پیدا ہوتا ہے۔ اقبال اجتہاد کے بڑے مبلغ تھے۔ وہ دور جدید میں اجتہاد کو اسلام کی تعبیر نو قرار دیتے ہیں۔ یوسف حسین خان نے اقبال کے مذہبی اور مابعد الطبیعی تصورات پر روشنی ڈالی ہے۔ اس میں انہوں نے اقبال کے انگریزی

خطبات تشکیل جدید الہیات اسلامیہ کی بہترین انداز میں تشریح کی ہے۔ یہاں اُنہوں نے اقبال کے ان فلسفیانہ تصورات کا سائنٹفک انداز میں تجزیہ کیا ہے۔ وہ اقبال کے ان فلفیانہ تصورات کو اسلامی تاریخ کا ایک اہم باب تصور کرتے ہیں۔

یوسف حسین خان نے اقبال کے فلسفہ مذہب کا جائزہ بھی لیا ہے۔ کلام اقبال میں قرآنی احکامات، اور دیگر اسلامی علوم کی روشنی میں تقدیر اور زمانہ، مسلہ جبر و اختیار، معراج نبوی ﷺ، خودی، عشق اور موت پر تفصیل سے بحث کی ہے۔ مذہب اقبال کی شاعری کا بنیادی پتھر ہے۔ مذہب کے توسط سے اقبال نے دور جدید کے سیاسی، معاشی، اقتصادی، اور فلسفیانہ افکار کو سمجھانے کی کوشش کی ہے۔ رضی الدین صدیقی مقدمہ روح اقبال میں رقمطراز ہیں۔

"یہ کتاب اقبال کے تمام اساسی خیالات پر حاوی ہے۔ اور اس طرح حقیقی معنوں میں اس کے کلام کا نچوڑ ہے"(۲)

"روح اقبال" اقبال شناسی میں ایک منفرد حیثیت کی حامل کتاب ہے۔ اقبالیات کے میدان میں اس کے بعد جن محققین نے قلم اُٹھایا انہوں نے "روح اقبال" سے اکتساب فیض حاصل کیا۔ اردو ادب کے نامور نقاد احتشام حسین نے اس کتاب کی اہمیت پر ان الفاظ میں اعتراف کیا ہے۔

"یہ محدود یک طرفہ تبصرہ ہونے کے باوجود اب تک اقبال پر سب سے اچھی کتاب ہے"۔(۳)

اقبالیات کے موضوع پر یوسف حسین خان کی دوسری اہم تصنیف "حافظ اور اقبال " ہے۔ جس میں انہوں نے تقابلی تنقید سے کام لیا ہے۔ یہ کتاب پانچ ابواب پر مشتمل ہے۔ پہلا باب حافظ اور اقبال، دوسرا باب حافظ کا نشاط عشق، تیسرا باب اقبال کا تصور

عشق، چوتھا باب حافظ اور اقبال میں مماثلت اور اختلاف، اور پانچواں باب محاسن کلام ہے۔ دیباچے میں مصنف نے کتاب کو لکھنے کی غرض و غایت کو بیان کیا ہے۔ حافظ اور اقبال کے درمیان یہ تقابلی مطالعہ اپنی نوعیت کا پہلا کارنامہ ہے۔ یوسف حسین خان نے دونوں عظیم شعرا کے عہد کے سماجی، سیاسی، معاشی اور ادبی حالات پر روشنی ڈالی ہے۔ حافظ اور اقبال کو ان کے اپنے ادوار میں بود و باش کرتے ہوئے دکھایا گیا ہے۔ دونوں کی فکر اور نظریات کا احاطہ کیا ہے۔ دونوں شاعروں کے نظریہ عشق پر روشنی ڈالی ہے۔ حافظ کے نشاط عشق میں مجاز اور حقیقت دونوں کی پرتیں دکھائی ہیں۔ ان کے مطابق حافظ کا نشاط اور سرمستی کا ہے۔اس کے برعکس اقبال کا عشق متحرک اور مقصد پسندی کا حامل ہے۔ حافظ اور اقبال کے درمیان مماثلت اور اختلاف کی بہت ساری باتوں کو اجاگر کیا ہے۔ حافظ اور اقبال کے درمیان مماثلت اور اختلاف کی بہت ساری باتوں کو اجاگر کیا ہے۔ حافظ اور اقبال کو لے کر عوام میں جو غلط فہمیاں اور ادبی بدمزگی پیدا ہوئی تھی۔ مصنف نے تحقیق کا سہارا لے کر ان غلط فہمیوں کا بہترین انداز میں ازالہ کیا ہے۔ یوسف حسین خان کے مطابق اقبال کی حافظ پر تنقید فکری سطح کی تھی ورنہ اسلوب اور فن کے معاملے میں اقبال نے حافظ کا تتبع کیا ہے۔ اقبال نے ایک مکتوب میں یہاں تک فرمایا ہے۔ کبھی کبھی یہ احساس ہوتا ہے کہ حافظ کی روح مجھ میں حلول کر گئی ہے۔ دونوں شاعروں کے درمیان میں جو اختلاف تھا اس کی وجہ یوسف حسین خان نے دونوں شاعروں کے مختلف ادوار کو قرار دیا ہے۔ اختلاف کی یہ وجہ ثابت کرنا یوسف حسین خان کی تنقیدی بصیرت کی روشن مثال ہے۔

یوسف حسین خان کی تنقیدی نگارشات میں کسی ایک دبستان تنقیدی کا اثر نہیں ملتا۔ ان کی تنقید میں مختلف تنقیدی تصورات ملتے ہیں۔ ان کو مختلف زبانوں پر مہارت

حاصل تھی جن میں اردو، فارسی، عربی، انگریزی، اور فرانسیسی شامل ہیں۔ ان تمام زبانوں کے ادبیات اور تنقیدی سرمایے کا انھوں نے بغور مطالعہ کیا تھا۔ یہی وجہ ہے کہ ان کی تحریں اعلی پایہ کا درجہ رکھتی ہیں۔ اس کے علاوہ انہیں دیگر مشرقی اور مغربی ادبیات سے بھی شغف تھا۔ اصطلاحی زبان پر انہیں مہارت حاصل تھی۔ یہی رنگ ان کی تمام نگارشات میں نظر آتا ہے۔ سب سے زیادہ انہوں نے غالبیات اور اقبالیات کے موضوع پر لکھا۔ غالب اور اقبال کو تشریحی انداز سے سمجھانے میں انہیں امتیاز حاصل ہے۔ یہ تشریحی انداز ان کی تمام تحریروں کی نمایاں خصوصیت ہے۔ اس کے ساتھ ان کا تاریخی شعور بھی لاجواب تھا۔ انہوں نے اپنی تحقیق میں تاریخ دانی کا بھرپور استعمال کر کے بہت سارے حقایق پر سے پردہ اُٹھایا ہے۔ مجموعی طور پر یہ کہا جاسکتا ہے کہ یوسف حسین خان نے جس موضوع پر بھی قلم اُٹھایا ہے۔ بے باکی، غیر جانبداری، توازن، اور اعتدال کو ملحوظ رکھا ہے۔ لیکن افسوس اس بات کا ہے کہ آج اردو داں طبقہ اتنے بڑے نابغہ اور مخلص ادیب کو فراموش کر چکی ہے۔ ایسے بلند پایہ ادیبوں کو فراموش کرنا ایک بہت بڑا المیہ ہے۔ دور حاضر میں ایسی ہی غلطیاں اردو ادب کے زوال کا سبب بن چکی ہیں۔

حوالہ:

(۱)سید صباح الدین عبد الرحمٰن بزم رفتگان صفحہ نمبر ۲۵۷

(۲) رضی الدین صدیقی مقدمہ روح اقبال صفحہ نمبر ۱۳

(۳)سید احتشام حسین روح اقبال ایک تبصرہ صفحہ نمبر ۲۱

***

وقار عظیم کی اقبال شناسی

آزاد ایوب بٹ

وقار عظیم کی ذہنی وابستگی اقبال سے لگ بھگ نصف صدی سے ہے، جس کا ثبوت وقار عظیم کی درج ذیل تصانیف سے ملتا ہے۔(۱)اقبال شاعر اور فلسفی' مکتبہ عالیہ لاہور '۱۹۴۸ء،(۲)اقبال معاصرین کی نظر میں، مجلس ترقی ادب لاہور، ۱۹۷۳ء،(۳)اقبالیات کا مطالعہ ، اقبال اکیڈمی لاہور، ۱۹۷۷ء، یہ تصانیف تدریسی ضرورتوں کے ساتھ ساتھ وقار عظیم کی تنقیدی شعور کی بھی بھرپور عکاسی کرتی ہیں۔ وقار عظیم نے ڈاکٹر رفیع الدین سے ایک ملاقات میں اپنی ذہنی وابستگی کا اظہار ان الفاظ میں کیا ہے:۔

"یہ ۱۹۲۵ء،۱۹۲۶ء کا زمانہ تھا، میں سکول میں پڑھتا تھا۔ ہمارے نصاب کی کتاب میں اقبال کا منتخب کلام شامل تھا۔ یہ انتخاب چند نظموں، بچے کی دُعا، ترانہ ہندی، نیا شوالہ، جگنو، ہمالہ، اور ایک آرزو پر مشتمل تھا۔ یہی سے اقبال کے ساتھ میری دلچسپی کا آغاز ہوا۔"[۱]

وقار عظیم ۱۹۵۰ء سے ۱۹۷۰ء تک اورینٹل کالج لاہور میں معلم کی حیثیت سے فائز رہے اور وہاں وہ اقبالیات کا پرچہ پڑھاتے تھے۔ انہوں نے اقبال پر متعدد مضامین شائع کئے ،ریڈیو انٹرویو، سیمنار اور سب سے بڑا کام اقبال کے متعلق کئ تصانیف قلمبند کیں ،جس کی وجہ سے ہمیں انہیں اقبال شناس کہنے میں کوئی دورائے نہیں ہے۔ اس طرح

اقبال کو سمجھنے میں ہمیں کافی مدد ملی۔

وقار عظیم نے اقبال پر ۱۹۰۵ء سے ۱۹۴۷ء کے درمیان ایک تنقیدی مضامین کا مجموعہ "اقبال شاعر اور فلسفی" لکھا جو مختلف رسائل میں شائع ہوتا رہا۔ "اقبال معاصرین کی نظر میں" وقار عظیم کے ایسے مضامین کا مجموعہ ہے جو اقبال کی زندگی میں ہی قلمبند کیا گیا۔ وقار عظیم کے مضامین، انٹرویو، تقاریر، خطابات، متفرقات وغیرہ پر مشتمل تصنیف "اقبالیات کا مطالعہ" ہے جو ان کے ایک شاگرد سید وحید الدین نے ترتیب دیکر شائع کروائی۔ اقبال پر وقار عظیم کی تصانیف کا تنقیدی جائزہ پیش خدمت ہے۔

وقار عظیم نے اورینٹل کالج لاہور میں اقبال کا مضمون لگ بھگ اکیس برس تک نہایت محنت و لگن سے پڑھایا، جس کی وجہ سے ان کے شاگرد ان کے لیکچرز کو علم و فکر آفریں قرار دیتے ہیں۔ وقار عظیم نے بعد میں اپنے ان لیکچرز کا ایک مجموعہ "اقبال شاعر اور فلسفی" کے بعنوان شائع کیا جس کے پیش لفظ میں وہ رقم کرتے ہیں:۔

"اس مجموعے کے مضامین میں جو کچھ میں نے کہا اس کی تحریک کا سبب میرے وہ صدہائے شاگرد ہیں جنہیں میں انیس سال اقبال پڑھا رہا ہوں میں ان سب کا ممنون ہوں کہ انہوں نے استفادات سے مجھے سوچ کی راہیں دکھائی۔" ۲

یہ کتاب ۳۲۷ صفحات پر مشتمل ہے اور وقار عظیم نے اس کتاب کا انتساب اپنے ایک عزیز دوست حمید احمد خان کے نام کیا جو جامعہ پنجاب میں بحیثیت وائس چانسلر کام کر رہے تھے۔ اس کتاب میں کل ۱۷ مضامین ہیں اور اس کتاب سے پہلے یہ مضامین مختلف رسائل وجرائد میں شائع ہو گئے تھے۔

اقبال کے متعلق پہلے سے ہی یہ جد جہد جاری رہی کہ اقبال بڑے شاعر اور فلسفی ہیں اور ادباء نے اسے خوب ہوا دی۔ وقار عظیم کا یہ بہترین اور خوبصورت مقالہ اس بات

کی وضاحت کرتا ہے کہ اقبال ایک عظیم فلسفی ہے اور اس کے ساتھ ساتھ ان کی شاعرانہ عظمت کو بھی برقرار رکھتے ہیں۔ وقار عظیم نے یہ نتیجہ ظاہر کیا ہے کہ اقبال اعلیٰ فلسفیانہ سوچ رکھتے ہیں اور انہوں نے یہی خیال شعری پیرائے میں ہم تک پہنچایا ہے:۔

"اقبال فلسفی اس معنی میں ہیں کہ انہوں نے اپنے مخاطب یا قاری کو زندگی کا ایک مربوط، منظم اور بعض حیثیتوں سے ایک مکمل اور عملی فلسفہ دیا ہے۔۔۔ اقبال کا یہ مربوط اور منظم فلسفہ ایک گہرے اور شدید ذہنی تجربہ جو اقبال کے مزاج اس کی شخصیت اور اس شخصیت کے رگ وپے میں سمایا ہوا ہے جب ابھرنے کے لیے بے تاب ہوتا اور لفظوں کے پیکر یا سانچے ڈھلتا ہے تو کبھی وعظ بن کر ہمارے سامنے آتا ہے اور کبھی شاعری اور دونوں صورتوں میں دلنشین بھی ہوتا ہے اور مؤثر بھی۔"[۳]

"اقبال شاعر اور فلسفی "اقبال کے فن پر ایک اہم اور بہترین کتاب ہے جس میں وقار عظیم نے اقبال کو ایک حکیم، دانا، فلسفی، مفکر، اور معلم قرار دیا اور ساتھ ہی یہ بھی ثابت کیا وہ ایک عظیم شاعر اور فکر و جذبے کی دنیا کا ترجمان ہے۔ اس بات کی وضاحت بھی کی ہے کہ وہ شاعری کے سارے رموز و نکات سے پوری طرح واقفیت رکھتے ہیں۔ یہ کتاب اقبال کے فکر وفن کو عام قاری تک پہنچانے کے لیے خاص اہمیت کی حامل ہے۔

اقبال معاصرین کی نظر میں:

وقار عظیم نے اس کتاب کو اپنے ایک دوست شیخ محمد اکرام کے کہنے پر ترتیب دینے کی ذمہ داری تسلیم کی اور اسے مجلس ترقی ادب لاہور سے شائع کرنے کا فیصلہ بھی کیا۔ وقار عظیم اپنے ایک انٹرویو میں رفیع الدین ہاشمی سے گفتگو کے دوران اس کتاب کے تالیف کرنے کے متعلق کہتے ہیں:۔

"مجلس ترقی ادب لاہور نے ایک کام میرے سپرد کیا اور وہ یہ ہے کہ اقبال کی زندگی میں ان کی شخصیت اور فن پر جو مضامین شائع ہوئے ان کا ایک اچھا سا انتخاب مرتب کروں اس کے ساتھ ساتھ مقدمہ اور حواشی بھی میں ایسے مضامین کی تلاش کر رہا ہوں اور خاصا کام ہو چکا ہے۔"[۴]

یہ کتاب ۵۴۳ صفحات پر مشتمل ہے اور اس میں ۲۱ مقالات ہے جو ۱۹۷۷ء میں شائع کی گئی۔ اس کتاب کی سب سے بڑی خوبی یہ ہے کہ اس کے مقالات اقبال کی حیات زندگی میں ہی لکھے گئے اور خاص کر یہ مقالات ان کی نظر سے گزرے اور ان میں سے کچھ مقالات پر اقبال نے اپنی رائے بھی دی ہے۔ وقار عظیم نے کتاب کے ابتداء میں چودہ صفحات کا ایک مقدمہ لکھا ہے اور آخر میں ۷۰ صفحات پر مشتمل حواشی تحریر کئے ہیں جو ایک کتاب کی حیثیت رکھتے ہیں۔ ڈاکٹر سید معین الرحمن نے کتاب کا اشاریہ ۳۶ صفحات پر ترتیب دیا ہے۔ ایک انٹرویو میں وقار عظیم حواشی و مقدمہ کے بارے میں رفیع الدین سے گفتگو کرتے ہوئے کہتے ہیں:۔

"حواشی اور مقدمہ اس غرض سے لکھا کہ اقبال کی شخصیت اور شاعری سے متعلق بعض باتوں اور اعتراضات کی وضاحت کی جائے مثلاً اقبال کو سر کا خطاب ملا تو اس کی حمایت اور مخالفت میں کئی مضمون لکھے گئے۔"[۵]

اس کتاب میں اقبال کی زندگی میں ہی ان کی حیات و شخصیت پر لکھی جانے والی تاریخی تحریروں کا انتخاب کیا گیا ہے۔ ان تحریروں میں اقبال کی زندگی اور فلسفہ و فن پر جائزہ لیا گیا ہے جس کی وجہ سے اقبال کو سمجھنے میں بہت آسانی ہوتی ہے۔ اقبال کے حوالے سے وقار عظیم نے ایسے ہی مضامین کا انتخاب کیا جن سے اقبال کی شخصیت اور شاعری کو سمجھنے میں بھرپور مدد ملی ہے۔ ان مضامین کا جواب اقبال نے خطبات، خطوط

اور مقالات میں دیا ہے، مگر وقار عظیم ان مضامین کا موثر جواب خطبات کو ہی قرار دیتے ہیں۔اس کتاب کی اہمیت و افادیت اور اقبال کی شاعری پر تنقید سے متعلق وقار عظیم مقدمہ میں لکھتے ہیں:۔

"ان مضامین میں اکثر اقبال کے مطالعے میں آئے اور ان میں سے بعض کے متعلق انہوں نے اپنے خیالات بھی ظاہر کئے۔ تحسین وتشکر کی صورت میں اور کبھی تردید وتوضیح کے انداز میں۔"٦

اقبال کی شاعری کے ادوار کا قیام ان کی زندگی میں ہی قائم کئے گئے تھے۔اس سلسلے میں عبدالقادر سروری کا مقدمہ "بانگ درا" خاص اہمیت کا حامل ہے جو ۱۹۲۴ء میں شائع ہوا ہے۔اقبال کی شاعری کو عبدالقادر سروری نے تین ادوار میں منقسم کیا ہے۔ اس کتاب کے مضامین کے ذریعے مختلف ادوار اور ان کی خصوصیات بیان کی گئی ہے۔ قاضی عبدالقادر کا مضمون "پیام اقبال" اور ملک راج آنند کا "اقبال کی شاعری" اس ضمن میں کافی اہمیت رکھتے ہیں۔اقبال کی شاعری کو قاضی عبدالغفار نے دو ادوار میں تقسیم کیا ہے ،ایک دور وطنیت اور دوسرا دور ملت پسندی ہے۔

وقار عظیم نے اس بات کو واضح کیا کہ اقبال کے خیالات میں ابتدائی دور میں وسعت تو ہے مگر گہرائی نہیں ملتی، ملک راج آنند کے مطابق اقبال کا ابتدائی دور رنگین اور دل آویز ہے ، دوسرا دور وطنیت اور تیسرے دور میں فلسفیانہ رنگ پایا جاتا ہے۔وقار عظیم کے مطابق دوسرے دور میں اقبال کی طبیعت میں ایک مخصوص قسم کی بلند ملتی ہے اور اکثر وبیشتر نظموں میں ایک خاص رنگ اور سوز دیکھنے کو ملتا ہے جو براہ راست دل میں گھر کر جاتا ہے۔ اقبال کی شاعری کو انکی زندگی میں ہی پیغمبری رجحان کا شرف حاصل ہو چکا تھا۔اس بارے میں وقار عظیم رقمطراز ہیں:۔

"زیر بحث کتاب میں بعض مضامین ایسے ہیں جن کے عنوانات ہی سے اقبال کی پیغمبرانہ شان و شوکت عیاں ہوتی ہے۔ تاہم بعض مضامین ایسے بھی ہیں جن میں بظاہر پیغمبری کو عنوان نہیں بنایا گیا لیکن ان میں بھی پس پردہ الہامی عناصر کا بیان موجود ہے۔"[7]

وقار عظیم کے مطابق مضمون نگاروں اور اقبال شناسوں نے اقبال کی شاعری کو پیغمبرانہ شان ہونے کا نظریہ "اسرار رموز" سے لیا ہے اور بعض نے "بانگ درا"، "زبور عجم" اور پیام مشرق کی مثالیں بھی پیش کی ہیں۔ اقبال کی شاعری کو پیغمبرانہ کہنے کی سب سے بڑی وجہ محققین و ناقدین کا فکری نظام ہے جس کی اصل بنیاد اسلام پر ہے۔ لیکن اسلام کا بیان نہایت ہی وسیع معنوں میں مستعمل کیا گیا ہے۔ ان مضامین پر وقار عظیم نے تنقیدی نظر ڈالتے ہوئے اقبال کے کلام کو ہر حال میں پیغمبرانہ کہنا لازمی قرار دیا ہے۔

وقار عظیم اس بات سے نہایت خوشی محسوس کرتے ہیں کہ اقبال کے کلام پر اب عالمی سطح پر تجزیے ہو رہے ہیں اور شاعر مشرق علامہ اقبال کی آواز اب مغرب میں بھی گونج اُٹھی ہے۔ اس کتاب کو ترتیب دینے کا جواز وقار عظیم کچھ اسطرح ظاہر کرتے ہیں:۔

"اقبال کے پیغام کو مشرق کے گوشے گوشے اور دنیا اسلام کے قریے قریے عام کر کے انسان کے خوب، ناامیدی و بے یقینی کو دور کر کے اور اس کی خود اعتمادی کو بحال کرنے میں مدد ملے گی اس کی طرف اس مجموعے کے مضامین میں بڑے واضح اشارے موجود ہیں میرے نزدیک ان کو مرتب کر کے منظر عام پر لانے کا یہی جواز کافی ہے۔"[8]

الغرض وقار عظیم نے بڑی محبت سے یہ حواشی تحریر کئے ہیں جس سے ان کے گہرے مطالعے اور ناقدانہ بصیرت کا پتہ چلتا ہے۔ اس لیے یہ کہنا بے جا نہ ہو گا کہ یہ کتاب اقبال شناسی میں ایک نئے باب کا اضافہ کرتی ہے۔

اقبالیات کا مطالعہ:

یہ کتاب ۳۶۴ صفحات پر مشتمل ہے۔ وقار عظیم جب ملازمت سے سبکدوشی ہوتے تو انہوں نے اس دوران اپنی زندگی کا بیشتر حصّہ اقبالیات کی مصروفیت میں سرف کیا۔ انہوں نے اقبال پر جتنے بھی مضامین، مقالات اور تقریریں کیں ان سب تحریروں کو سید معین الرحمن نے جمع کر کے اقبال اور وقار عظیم کی صد سالہ ولادت کی پہلی برسی کے موقع پر ۱۹۷۷ء میں پیش کیا۔ یہ کتاب اقبال اکیدمی لاہور سے شائع ہوئی۔ سید معین الرحمن کتاب کے مقدمے میں رقمطراز ہیں:۔

"اقبال پر جن مضامین کا خاکہ وقار صاحب کے ذہن میں تھا۔۔ جہاں تک کہ سال گذشتہ ۱۷ نومبر ۱۹۷۶ء کو وہ ناگہاں اللہ کو پیارے ہوگئے۔ اس عقب میں اب زیر نظر کتاب "اقبالیات کا مطالعہ" تلاش و ترتیب اور تدوین و طباعت کے مراحل سے گزر کر اہل شوق کے ہاتھوں میں ہے۔"۹

وقار عظیم نے اپنی پہلی کتاب "اقبال شاعر اور فلسفی" کا انتساب پروفیسر حمید اللہ خان کے نام سے، دوسری کتاب "اقبال معاصرین کی نظر میں" ڈاکٹر ایس، ایم، اکرام کے نام سے اور تیسری کتاب "اقبالیات کا مطالعہ" کے انتساب کے بارے معین الرحمن لکھتے ہیں:

"میں چشم تصور دیکھتا ہوں کہ اگر مرحوم زندہ ہوئے اور "اقبالیات کا مطالعہ" کو خود ترتیب دیتے تو ایسے خواجہ منظور حسین کے نام سے منسوب فرماتے۔"۱۰

اس کتاب میں کل آٹھ مضامین ہیں اور یہ حصہ جائزے پر مشتمل ہے۔ وقار عظیم نے اقبال پر اس کتاب کے مضامین ۱۹۳۷ء سے ۱۹۴۱ء تک پانچ سالوں کے دوران لکھی اور انہوں نے اس کے لیے دس کتب کا جائزہ لیا ہے۔

الغرض "اقبالیات کا مطالعہ" وقار عظیم کا ایک ایسا لازوال مجموعہ ہے جس سے اقبال کے مختلف پہلوؤں اور رویشوں پر وقار عظیم کی تنقیدی نظر پڑتی ہے۔

حواشی

۱: اقبالیات کا مطالعہ، ص ۱۱

۲: اقبال شاعر اور فلسفی، ص ۲

۳: اقبال شاعر اور فلسفی، ص ۸

۴: معین الرحمن سید، ڈاکٹر جہان اقبال، ص ۱۲۷

۵: اقبال معاصرین کی نظر میں، ص ۹

۶: اقبال معصرین کی نظر میں، ص ۱۱

۷: ایضاً، ص ۱۷

۸: ایضاً، ص ۲۳

۹: نقوش لاہور سالانہ جنوری ۱۹۷۷ء، ص ۲۱

* * *

اقبال شناسی کی نئی سرزمین۔۔۔ جاپان

ڈاکٹر معین الدّین عقیل

عہدِ جدید میں جن مسلمان مفکّرین اور دانش وَروں نے اہل علم و فکر کو اپنی دانش و حکمت سے حد درجہ متاثر کیا، اُن میں ڈاکٹر علاّمہ اقبالؒ ہر اعتبار سے سرِ فہرست ہیں۔ علاّمہ اقبال کے علم و حکمت کی اہمیت کا اندازہ اس بات سے لگایا جا سکتا ہے کہ اُن کے افکار و نظریات نے نہایت کم وقت میں پورے عالمِ اسلام کے باشعور و تعلیم یافتہ حلقوں میں مقبولیت حاصل کی۔ انہوں نے اپنی شاعری اور فکر کے ذریعے صدیوں سے جمود کے شکار ہندوستانی مسلمانوں میں عقابی رُوح بیدار کی اور انہیں مایوسی اور محکومی کے گھٹاٹوپ اندھیروں سے نکل کر جدوجہد کرنے پر آمادہ کیا۔

اقبالؒ نے اپنے تصوّرات عام کرنے کے لیے جو ذرائع استعمال کیے، وہ نظم اور نثر دونوں پر مشتمل ہیں، لیکن اُن کے ٹھوس و مدلّل افکار و خیالات شاعری کے علاوہ زیادہ تر اُن کے خطبات پر مبنی ہیں، جو انہوں نے انگریزی زبان میں مختلف جامعات اور تعلیمی اداروں میں پیش کیے، مگر انہیں شُہرت و مقبولیت اپنے خطبات اور نثری تصانیف کی بہ جائے شاعری کے سبب حاصل ہوئی، جو اُن کے خیالات و جذبات کے ساتھ ان کی دانش و حکمت کے اظہار کے لیے بھی ایک انتہائی مؤثر وسیلہ ثابت ہوئی۔

اقبالؒ کے شعری مجموعے، بانگِ درا، بالِ جبریل، ضربِ کلیم، ارمغانِ حجاز، پیامِ

مشرق، اسرارِ خودی اور جاوید نامہ سمیت دیگر اپنی الگ الگ تاثیر کی وجہ سے مقبولیت کے حامل ہیں اوران سے کسبِ فیض کا سلسلہ پوری دُنیا میں تواتر سے جاری ہے، جب کہ مختلف یورپی ریاستوں سمیت مشرقِ بعید کے ممالک، بالخصوص انڈونیشیا، چین اور جاپان میں مقامی زبانوں میں ان کی شاعری کا ترجمہ بھی کیا جارہاہے۔

تاہم، اس اعتبار سے جاپان کو ممتاز و منفرد مقام حاصل ہے کہ یہاں اقبال کے اردو کلام کا ایک نظم و ترتیب کے ساتھ جاپانی زبان میں ترجمہ کیا گیاہے اور یہ کارنامہ دائتوبنکا یونی ورسٹی، سائتاما کے شعبۂ اردو کے استاد، پروفیسر ہیروجی کتاؤکا نے انجام دیاہے۔ پروفیسر کتاؤنہ صرف جاپانی زبان میں اقبالؒ کی شاعری کا ترجمہ کر کے جاپانیوں کو اقبال کی فکر و حکمت سے متعارف کروانے کا وسیلہ بنے بلکہ "بالِ جبریل" کے ترجمے پر انہیں جاپان کے ممتاز ادارے، "جاپان سوسائٹی آف ٹرانسلیٹرز" نے بہترین مترجّم کے اعزاز سے بھی نوازا۔

گرچہ اقبالؒ کا پورا کلام ہی انتہائی متاثر کُن ہے، لیکن ان کے آخری دَور کی نمایندہ و مثالی تخلیقات میں سے "جاوید نامہ" ایک ایسی تخلیق ہے، جس نے اپنی فکری و معنوی خوبیوں کے سبب انہیں دُنیا کے عظیم ترین شعرا کی فہرست میں لا کھڑا کیا۔ "جاوید نامہ" میں دراصل اقبال نے مشرق و مغرب کی نمایندہ شخصیات کی زبانی آج کی دُنیا کے حالات، مسائل، افکار اور مسلمانوں کے ماضی، حال اور مستقبل کے نقوش نمایاں کیے اور یہ اقبال کی ایک ایسی تخلیق یا کاوش ہے، جو اُن کی دیگر تخلیقات کو بھی سہارا فراہم کرتی ہے۔ علاّمہ اقبال نے "جاوید نامہ" ایک ایسے دَور میں تخلیق کیا کہ جب بالخصوص ہندوستانی مسلمان نہایت مشکلات و مصائب کا شکار تھے۔

انہوں نے مسلمانوں کو حالات سے مقابلے پر آمادہ کرنے کے لیے "جاوید نامہ"،

"معراج نامہ" اور Divine Comedy کے انداز سے تخلیق کیا، کیوں کہ وہ چاہتے تھے کہ اُن کا یہ کلام مسلمانوں میں مقبولِ عام ہو اور وہ اس میں پیش کردہ فکر و دانش سے حقیقی استفادہ کریں۔ اور "جاوید نامہ" کی اسی انفرادیت کی بدولت جاپان کے ماہرِ اقبالیات، پروفیسر ہیروجی کتاؤکا نے اسے جاپانی زبان میں منتقل کیا، جس پر وہ خراجِ تحسین کے مستحق ہیں۔ اس ترجمے کے سبب ہی جاپان کے سنجیدہ و موقر علمی حلقوں میں پروفیسر کتاؤکا کی شُہرت و وقار میں بھی اضافہ ہوا اور جاپان کے ایک مؤقر ادارے، "جاپان سوسائٹی آف ٹرانسلیٹرز" نے ان کی اس کاوش کو ایک منفرد کارنامے سے تعبیر کیا۔

یہ کہنا غلط نہ ہوگا کہ پروفیسر ہیروجی کتاؤکا نے خود کو اقبالیات کے لیے وقف کر دیا ہے۔ اُن کی ادبی زندگی کا آغاز "ٹوکیو یونی ورسٹی آف فارن اسٹڈیز" میں اردو زبان سیکھنے سے ہوا اور پھر انہوں نے بہ تدریج اردو زبان میں مہارت حاصل کی۔ انہوں نے دو سالہ وظیفے پر جامعہ کراچی میں بھی اردو زبان و ادب کی تعلیم حاصل کی اور پھر جاپان واپس جا کر "اوساکا یونی ورسٹی" کے شعبۂ اردو میں تدریس کا آغاز کیا اور بعد ازاں ۱۹۸۶ء میں ٹوکیو کے نواحی علاقے سائتاما میں نئی قائم ہونے والی "دائتوبنکا یونی ورسٹی" میں شعبۂ اردو قائم کر کے اپنی ساری پیشہ ورانہ زندگی، اردو زبان کی تدریس کے لیے وقف کر دی۔

پروفیسر کتاؤکا اردو سے خصوصی اُنسیت کے سبب اقبال کے شعری کلام کے علاوہ اردو کے نمایندہ افسانہ نگاروں میں سے سعادت حسن منٹو کے تقریباً تمام معروف افسانوں کو جاپانی زبان میں منتقل کر چکے ہیں اور اردو زبان و ادب کی ان ہی گراں قدر خدمات پر حکومتِ پاکستان نے ۲۰۱۰ء میں انہیں "ستارۂ امتیاز" سے بھی نوازا، جب کہ اقبال کے کلام خصوصاً "بالِ جبریل" کے جاپانی زبان میں ترجمے پر "جاپان سوسائٹی آف ٹرانسلیٹرز" نے ۲۰۱۱ء میں "اسپیشل ٹرانسلیشن ایوارڈ" عطا کیا۔

گرچہ ابتدا میں پروفیسر کتاؤکا نے اردو افسانوں کے تراجم میں بھی دل چسپی لی، لیکن اب وہ صرف اقبالیات کے لیے مخصوص ہو کر رہ گئے ہیں اور اسی بنا پر انہیں عالمی سطح پر ایک ممتاز مقام بھی حاصل ہے۔ پروفیسر کتاؤکا کی پذیرائی کے سلسلے میں رواں برس ۲۶ اکتوبر کو ٹوکیو میں کُتب کی ایک نمایش منعقد کی گئی اور اس نمایش میں "جاوید نامہ" کا جاپانی ترجمہ ایک نمایاں کاوش کے طور پر پیش کیا گیا، جو نہ صرف پروفیسر کتاؤکا بلکہ ہم پاکستانیوں کے لیے بھی کسی اعزاز سے کم نہیں۔

***

اقبال شناسی چند معروضات
عابد قریشی

حالیہ برسوں میں سوشل میڈیا نے ہمارے ہر شعبہ زندگی کو متاثر کیا ہے۔ خصوصاً ہماری تعلیمی، سوشل اور معلوماتی دنیا میں ایک انقلاب برپا کر دیا ہے۔ سوشل میڈیا کے مثبت اور منفی دونوں پہلو ہیں جن پر کھل کر اور تفصیل سے بات ہو سکتی ہے۔ سوشل میڈیا نے جہاں ہمارے ہر شعبہ زندگی کو متاثر کیا ہے وہاں کچھ مشاہیر ملت کے ساتھ زیادتی بھی ہوئی ہے۔ صرف شاعری میں اگر دیکھ لیں تو علامہ اقبال، فیض اور احمد فراز سب سے زیادہ متاثرین کی فہرست میں شامل ہیں۔ کوئی بھی من گھڑت اور بے تکا شعر بلکہ نظم اقبال اور فراز سے منسوب کر دی جاتی ہے اور اسے پوری ذمہ داری اور اعتماد کے ساتھ سوشل میڈیا پر شیئر اور پوسٹ کر دیا جاتا ہے، حتیٰ کہ یار لوگوں نے علامہ اقبال کی آواز میں بھی کچھ شاعری ڈھونڈ نکالی، جو کام ۸۰ سالوں میں بی بی سی اور ریڈیو پاکستان نہ کر سکے وہ سوشل میڈیا کے کرشمہ نے پلک جھپکنے میں کر دیا۔ یہ صرف اقبال سے زیادتی ہی نہیں ہے بلکہ اقبال شناس اور اس کے مداحین کو ذہنی کوفت پہنچانے کے مترادف بھی ہے۔ علامہ اقبالؒ ایک آفاقی شاعر ہیں۔ وہ ایک منفرد فلسفی شاعر اور ایک باکمال سوچ اور فکر کے شاعر ہیں۔ ان کے ہاں ندرت بیاں بھی اور قدرت زبان بھی ہے۔ ایک جوش بھی ہے اور ایک جذبہ بھی۔ وہ ایک خوابیدہ قوم سے مخاطب ہیں جسے یہ ادراک بھی نہ تھا کہ

وہ ایک غلام قوم ہے۔ غلام قوم میں رہتے ہوئے اس قوم کو یہ احساس دلانا کہ تم ایک غلام قوم ہو سب سے مشکل کام ہوتا ہے، مگر علامہ اقبالؒ کے جذبہ حریت اور آزادی کی تڑپ نے اس قوم کو اس طرح جھنجھوڑا کہ وہی غلامی کی زنجیروں میں جکڑی ہوئی قوم ہندو اور انگریز سے بڑے باوقار انداز میں آزادی لینے میں کامیاب ہوئی۔ مجھے کوئی اقبال شناسی کا دعویٰ تو نہ ہے اور اپنی کم علمی اور کم مائیگی کا احساس بھی، مگر کلام اقبال کے ایک طالب علم کی حیثیت سے ہی کچھ عرض کرنے کی جسارت کروں گا کہ اقبال تو خود اپنے بارے میں فرماتے ہیں کہ:

اقبال بھی اقبال سے آگاہ نہیں ہے
کچھ اس میں تمسخر نہیں واللہ نہیں ہے

علامہ اقبالؒ کی شاعری زندہ قوموں کے لئے ہے اور یہ صرف عصر حاضر کا شاعر ہی نہیں ہے بلکہ آنے والے زمانوں کا شاعر ہے۔ اقبال اپنی شاعری میں شاہین، نوجوان مسلم، خودی، عشق وغیرہ کو personify کرتا ہے۔ مسلمانوں خصوصاً نوجوانوں کو ایک تڑپ، اُمنگ اور جہدِ مسلسل کا درس دیتے ہوئے مختلف مواقع پر مختلف پیرائے میں بات کرتا ہے۔

محبت مجھے ان جوانوں سے ہے
ستاروں پہ جو ڈالتے ہیں کمند

اقبال مسلمان نوجوانوں کو دنیا میں باعزت زندگی گزارنے، زمانے میں اپنا نام پیدا کرنے کے لیے کیا خوبصورت گر بتاتے ہیں کہ ایک ولولہ تازہ دلوں میں پیدا ہوتا ہے۔ دیارِ عشق میں اپنا مقام پیدا کر، نیا زمانہ نئے صبح و شام پیدا کر، خدا اگر دل فطرت شناس دے تجھ کو، سکوت لالہ و گل سے کلام پیدا کر، مرا طریق امیری نہیں فقیری

ہے، خودی نہ بیچ غریبی میں نام پیدا کر علامہ اقبالؒ مسلم نوجوانوں کو کیا ایک ادائے دلبرانہ اور نعرہ مستانہ سے اس کے عظیم اسلاف کی کہانی کس دلکش پیرائے میں بیان کرتے ہیں کہ دِل عش عش کر اُٹھتا ہے۔

کبھی اے نوجوان مسلم تدبّر بھی کیا تو نے
وہ کیا گُردوں تھا ہے جس کا تو ایک ٹوٹا ہوا تارا
تجھے اس قوم نے پالا ہے آغوشِ محبت میں
کچل ڈالا تھا جس نے پاؤں میں تاج سرِ دارا

اور کبھی یوں گویا ہوئے کہ

جوان ہوں قوم کے میری اگر جسّور و غیّور
قلندری میری کچھ کم سکندری سے نہیں

اور پھر

افسوس صد افسوس کہ شاہین نہ بنا تو
دیکھے نہ تیری آنکھ نے فطرت کے اشارات
تقدیر کے قاضی کا یہ فتویٰ ہے ازل سے
ہے جرم ضعیفی کی سزا مرگِ مفاجات

اور پھر اقبال تصوّف کے گہرے رنگ میں ڈوب کر یہ فرماتے ہیں تو سماں ہی بدل جاتا ہے

کبھی اے حقیقت منتظر نظر آ لباس مجاز میں
کہ ہزاروں سجدے تڑپ رہے ہیں میری جبین نیاز میں
تو بچا بچا کے نہ رکھ اسے ترا آئینہ ہے وہ آئینہ

کہ شکستہ ہو تو عزیز تر ہے نگاہِ آئینہ ساز میں
میں جو سر بسجدہ ہوا کبھی تو زمین سے آنے لگی صدا
تیرا دل تو ہے صنم آشنا تجھے کیا ملے گا نماز میں

اقبال گل و بُلبل کا شاعر نہیں ہے۔ وہ فراق و ہجر میں تڑپانے کی بجائے انسان کو اُمید جانفزا اور حوصلے اور عزم کا درس دیتا ہے۔ وہ خودی کا ایک ایسا دلفریب اور سحر انگیز پیغام دیتا ہے کہ زمانہ دم بخود ہے۔ خودی کا صحیح معنی اور مفہوم تلاش کرتے دہائیاں بیت گئیں: مگر اسے صرف خود شناس ہی سمجھ سکتا ہے۔ جس نے اپنی خودی چند مفادات کے تابع گروی رکھ دی اُسے اقبال کی خودی سی کیا لینا دینا۔ کیا خوبصورت پیغام ان اشعار میں اُن لوگوں کے لئے کہ جو دُنیاوی مراتب حاصل کرنے کے لئے اپنی عزّت اور خودی پر سمجھوتا کرتے ہیں۔

کسے نہیں ہے تمنائے سروری لیکن
خودی کی موت ہو جس میں وہ سروری کیا ہے
بتوں سے تجھ کو اُمیدیں خدا سے نو اُمیدی
مجھے بتا تو سہی اور کافری کیا ہے

اور پھر اسی طرح ایک اور جگہ فرمایا

خودی میں گم ہے خدائی، تلاش کر غافل
یہی ہے تیرے لیے اب صلاح کار کی راہ
حدیث دل کسی درویشِ بے کلیم سے پوچھ
خدا کرے تجھے تیرے مقام سے آگاہ

اور پھر ہمارے مذہبی رویّوں کی طرف اشارہ کرتے ہوئے کچھ یوں کہا کہ

یہ ذکر نیم شبی، یہ مراقبے، یہ سجود
تیری خودی کے نگہبان نہیں تو کچھ بھی نہیں
خِرد نے کہہ بھی دیالا الہ تو کیا حاصل
دل و نگاہ مسلمان نہیں تو کچھ بھی نہیں

اور پھر کہ

قلب میں سوز نہیں روح میں احساس نہیں
کچھ بھی پیغامِ محمدؐ کا تمھیں پاس نہیں

عشق پر اقبال نے بڑے منفرد و جدا گانہ اور دلفریب انداز میں طبع آزمائی کی

جفا جو عشق میں ہوتی ہے وہ جفا ہی نہیں
ستم نہ ہو تو محبت میں کچھ مزا ہی نہیں

اور

عقل عیّار ہے سو بھیس بدل لیتی ہے
عشق بے چارہ نہ ملّا ہے، نہ زاہد، نہ حکیم،

علامہ اقبالؒ کی زیادہ موثر اور انقلابی شاعری اردو کے مقابلہ میں فارسی زبان میں ہے اور ہم فارسی سے نابلد۔ شاید پاکستان سے زیادہ اقبال کو ایران میں پڑھا اور سمجھا جاتا ہے۔ اقبال آنے والے زمانوں کا شاعر ہے۔ جب اقبال نے یہ کہا کہ،

سبق ملا ہے معراج مصطفیٰؐ سے مجھے
کہ عالم بشریت کی زد میں ہے گردوں

تو کسی کے وہم و گمان میں بھی نہ تھا کی ایک دن انسان فلک کی رنگ برنگی کہکشاؤں سے گزرتا ہوا چاند اور مریخ پر ڈیرے ڈالے گا۔ اسی طرح جب اقبال نے یورپ کی ترقی

کی آڑ میں وہاں کے قدیم تہذیب و تمدن کو لرزہ بر اندام دیکھا تو فرمایا کہ:

تمہاری تہذیب آپ اپنے خنجر سے خود کشی کرے گی
جو شاخ نازک پہ آشیانہ بنے گا نہ پائیدار ہو گا

اس طرح کی اور بھی پیشین گوئیاں اقوام عالم کے عروج و زوال کی داستانوں کی صورت میں اقبال کے ہاں جگہ جگہ ملتی ہیں۔ سوشل میڈیا پر ہر ایک پوسٹ بغیر تحقیق کے فارورڈ کرنے والے دوستوں سے گزارش ہے کہ کم از کم علامہ اقبال سے کچھ خصوصی رعایت برت لی جائے تا کہ فکر اقبال کے پیروکاروں کو ذہنی اذیت سے محفوظ رکھا جا سکے۔

* * *

معاصر صورتحال میں اقبال شناسی کے تقاضے

ڈاکٹر ذکاء اللہ خان

کل ایک عزیز اپنے نوجوان بیٹے کے ہمراہ ملنے تشریف لائے،نوجوان نے یوم اقبال(۹ نومبر) کے حوالہ سے واسٹ پہ علامہ اقبال کی تصویر والا چھوٹا سا سٹیکر لگا رکھا تھا۔مجھے یہ دیکھ کر خوشی ہوئی کہ نوجوان کو علامہ سے لگاؤ ہے اور ان کے بارے آگاہی رکھتے ہیں۔ میں نے علامہ کے حوالہ سے سوال کیا تو اس نے بھی سب کی طرح وہی نصابی جواب دیا کہ وہ قومی شاعر تھے اور پاکستان کا خواب دیکھا تھا۔اپنے قومی شاعر کے بارے وہ مزید کچھ نہ کہہ سکا۔ یہ صرف اس یونیورسٹی کے طالب علم کی بات نہیں بلکہ قوم کی اعلیٰ تعلیم یافتہ اکثریت ہی علامہ کے اردو فارسی کلام اور فکر کی مختلف جہتوں سے نا بلد ہے۔یوں تو ملک میں بہت سے سرکاری و نجی ادارے' درسگاہیں اور اہل قلم اقبالیات کے حوالے سے خدمات انجام دے رہے ہیں اور یہ سب کام تفہیم اقبال کے لیے ایک کلید ہے۔اسی طرح صرف اپنے ملک میں ہی نہیں بلکہ کلام اقبال کے تراجم سے ہمارے قومی شاعر کو بہت سے ممالک میں پڑھا اور سمجھا جانے لگا ہے۔اقبال کے فکر کی تازگی اور بلند آہنگی پر علمی دنیا متوجہ ہوئی اور ان کے شعر کی تفہیم و تشریح سے فکر اقبال کی نئی راہیں سامنے آئیں۔ علامہ کا شمار دنیا کے عظیم مفکروں اور شاعروں میں ہوتا ہے۔ انہوں نے انسانی ذہن کا عمیق مطالعہ کیا اور اس کے مختلف رجحانات کو اپنے افکار و نظریات کا موضوع

بنایا۔ اقبال شناسی عصر حاضر کا اہم موضوع ہے۔ ہماری قومی و ملی زندگی میں فکر اقبال کی اہمیت مسلمہ ہے۔ انہوں نے اُمت مسلمہ کے مسائل کا جائزہ لیا اور پھر ان مسائل کے حل پیش کیے۔ ارباب ختیار کا یہ فرض ہے کہ اقبال شناسی کے تناظر میں درپیش مسائل کا حل ڈھونڈا جائے مگر افسوس کہ ہر حکومت کا علامہ سے تعلق صرف مزار اقبال تک ہے۔

حقیقی رہنما وہی ہوتا ہے جو قوم کی قیادت کرے اور غیر منظم قوم کو خطرات سے نکال کر منزل مراد سے ہمکنار کردے۔ علامہ نے ملت اسلامیہ کے فرد کی حیثیت سے نہ صرف قوم کو جذبہ دیا بلکہ ایک نظریہ کے ساتھ کامیابی کا راستہ واضح کیا۔ ان کے کلام' خطبات' مقالات اور مکتوبات کا خلاصہ یہ ہے کہ انہیں اپنی ملت اسلامیہ سے بے پناہ عشق اور عالم اسلام کے اتحاد کی بڑی آرزو تھی۔ آج کی معاصر صورتحال میں ہمیں ان کی فکر اور خیالات و محسوسات سے استفادہ کی ضرورت ہے۔ علامہ اقبال جانتے تھے کہ ادیان عالم میں اسلام ہی عصر حاضر کے تقاضوں کا احاطہ کر سکتا ہے۔ فرد اور معاشرے کی نفسیاتی' روحانی اور علمی ضروریات کو پورا کرنے کے لیے اسلام کی ہدایات پر عمل کیا جاسکتا ہے۔ اہل اسلام نے اپنے عہد زریں میں علم دوستی' خدا شناسی اور احترام انسانیت کی روشن مثالیں قائم کیں تھیں،اور تہذیب اسلامی نے یورپ نے تمدن اور نظام ریاست کے رستے ہموار کیے تھے۔ اقبال اپنی ملت کو مسلسل خود شناسی' ضبط نفس اور تیز نگاہی کا درس دیتے رہے کہ یہی عناصر زندہ قوموں کو وجود میں لاتے ہیں اور یہی زندہ قومیں وحدت ملی کا روپ دھار کر ایک سیسہ پلائی ہوئی دیوار بن جاتی ہیں جن سے استعماری قوتیں خوف کھاتی ہیں۔ ملت اسلامیہ کے ماضی' حال اور مستقبل کے باب میں اقبال کا شعور' اضطراب

اور آرزو مندی ایک ایسے غیر معمولی طرز فکر کی نشاندہی کرتی ہے جس میں شاعرانہ احساس اور کائناتی بصیرت گھل مل کر ایک ہوگئے ہوں۔ اسلامی دنیا کے اتحاد کا وہ

خواب جو اقبال نے دیکھا تھا' اس وقت تک پورا نہیں ہو گا جب تک یہ معلوم نہ ہو کہ ماضی میں عالمی قوتوں کا قیام 'عروج اور زوال کن اسباب کا نتیجہ رہا ہے۔ جب تک مسلم معاشرے میں بنیادی فکری اور اقتصادی تبدیلیاں رونما نہیں ہوتیں' جہالت کا خاتمہ نہیں ہوتا اور اجتہاد کا بند دروازہ نہیں کھلتا تب تک اس خواب کی تعبیر ممکن نہیں۔ علامہ اقبال اپنی تمام جہتوں سے بہت بلند ایک عالمی 'انسانی' فلاحی اور جمہوری انقلاب کے داعی تھے جو خود شناسی اور خدا شناسی کا منطقی تقاضا ہے۔ علامہ نے "اسرار خودی" اور "" رموز بیخودی" جیسی کتابوں میں یہ واضح کر دیا کہ خودی یا ضمیر کا تعلق انسان ہونے سے ہے لہٰذا یہ نظریہ خودی فطرت انسانی کا خاصہ ہے۔ قران مجید بھی اسی انسانی فطرت کی طرف اشارہ کرتا ہے۔ سورہ حدید میں بتایا گیا ہے کہ جو کام فطرت انسانی کا تقاضا ہو' انسان دوست کام ہو' خدا شناسی اور خود شناسی کی طرف لے جانے والا ہو' اس کام کے لیے جہاد بھی لازم ہے۔ علامہ کی دور رس نگاہ آئندہ کے حالات کا صحیح ادراک رکھتی تھی۔ عالمی مغربی صیہونی استعمار پنجے گاڑے ہوئے تھا ہم غلام تھے۔ یہ بیانیہ سامنے لانا ناممکن تھا مگر شاعرانہ انداز میں آنے والے حالات کا پورا نقشہ کھینچ کر رکھ دیا۔

آنکھ جو کچھ دیکھتی ہے لب پہ آسکتا نہیں
محو حیرت ہوں کہ دنیا کیا سے کیا ہو جائے گی

***

ٹیگور اور اقبال: جذبۂ حب الوطنی اور مسئلہ قومیت
ڈاکٹر نوشاد منظر

ہندستانی زبان و ادب کے دو اہم شاعر رابندر ناتھ ٹیگور اور علامہ اقبال نے بالترتیب بنگالی اور اردو شاعری سے قوم و ملت کی خدمت میں کارہائے نمایاں انجام دیا ہے۔ ٹیگور اور اقبال کے مابین بہت سی باتیں مشترک ہیں مثلاً ان دونوں نے ایک ہی سماجی ماحول میں پرورش پائی اور اپنی شاعری کے ذریعے قوم و ملت کو خواب غفلت سے بیدار کرنے اور بچوں کی تربیت و پر داخت کا کام انجام دیا۔

ٹیگور اور اقبال دونوں کا عہد ایک ہونے کے باوجود ان کے ماحول اور ان کے حالات زندگی میں فرق ہے۔ ایک کا تعلق پورب یعنی بنگال سے تھا جہاں سات سمندر پار سے آنے والے لوگ صنعت و حرفت اور علم و حکمت سے لیس ہو کر اس علاقے میں سوا سو سال پہلے آگئے تھے اور ایسٹ انڈیا کمپنی کی شکل میں برطانوی سامراج کے لیے زمین ہموار کرنے تھے۔ اسی لیے یورپ کے جدید علوم کا اثر سب سے پہلے بنگال کے علاقے میں ہوا۔ دوسری طرف اقبال ہندستان کے مغرب کے اس علاقہ سے تعلق رکھتے تھے جس میں پانچ دریا کا سکون بھی شامل تھا اور تلاطم بھی۔ پھر وہ سرسبز شاداب پہاڑیاں تھیں جو فکر و فن کی دنیا کے لیے حرکت کا نمونہ بھی پیش کرتیں ہیں۔

ٹیگور اور اقبال دونوں ہی اپنے عہد کے بڑے شاعر ہیں۔ ٹیگور کی شاعری کا اعتراف

کرتے ہوئے انھیں ۱۹۱۳ میں ادب کے سب سے بڑے انعام 'نوبل انعام' سے نوازا گیا۔ اقبال کو بھی ملکی اور غیر ملکی ا انعامات سے نوازا گیا۔ اقبال اور ٹیگور کی شاعری کا عمومی جائزہ لینے کے بعد یہ احساس ہوتا ہے کہ دونوں کی شاعری میں یکسانیت موجود ہے۔ ٹیگور اور اقبال دونوں مذہبی ہیں اور انسانیت کے تقاضے کو قبول کرتے ہیں۔ حالانکہ دونوں دو مختلف تہذیبی اقدار، ذاتی عقائد، ادبی رویے، انفرادی تشخص اور میلانات کی نمائندگی کرتے ہیں۔ ٹیگور نے گیتا کے فلسفے کی بنیاد پر 'کرم یوگی' کا تصور پیش کیا اور مسلسل جدجہد کو اپنی زندگی کا مشن بنایا۔ علامہ اقبال نے اپنی شاعری کے ذریعے اسلامی تعلیمات، مذہبی اقدار اور اسلامی تصوف کے موتیوں کو اپنے دامن میں سمیٹے ہوئے یقیں محکم، عمل پیہم اور انسان کے مقام کو سربلند کرنے کی کوشش کی۔

رابندرناتھ ٹیگور (۱۸۶۱-۱۹۴۱) بنگلہ زبان کے اہم شاعر ہیں۔ ان کی شاعری میں وہ تمام خصوصیات موجود ہیں جن کی وجہ سے انھیں عالمی شہرت حاصل ہوئی۔ شانتی بھٹاچاریہ ٹیگور کے متعلق لکھتے ہیں:

"رابندرناتھ ٹیگور جیسے عظیم بلند، پروقار، تیز رفتار، سبک رو، تخلیق کے ہر میدان میں غیر معمولی فطری قابلیت کا مالک اگر کسی ملک میں کبھی پیدا ہوا بھی ہو تب بھی شاذونادر ہی ایسی کوئی شخصیت دیکھنے میں آئی ہوگی۔ ان کی شاعری میں اسلوب، روش، جوہر، مواد اور احساسات کی ایسی نزاکت، لطافت، ندرت اور کشش القال ہے جس کا ہماری زبان میں اس سے قبل کبھی تصور تک نہیں کیا جاسکا۔"

(تاریخ بنگلہ ادب، شانتی بھٹاچاریہ، مارچ ۱۹۷۵، صفحہ ۴۸۱)

اس میں کوئی شک نہیں کہ ٹیگور کو عالمی شہرت دلانے میں ان کی شاعری نے اہم رول ادا کیا۔ ٹیگور کو نوبل انعام (۱۹۱۳) بھی ان کی شہرۂ آفاق شعری تصنیف 'گیتانجلی'

پر دیا گیا۔ رابندر ناتھ ٹیگور کا مطالعہ بہت گہرا اور وسیع تھا۔ ان کی دلچسپی کا مرکز وہ چیزیں ہوا کرتی تھیں جن میں انسانی اقدار موجود ہوں اور جس کی مستقل حیثیت بھی ہو۔ مشہور فلسفی ٹرینس (Terence) نے ایک موقع پر کہا تھا جس کا مفہوم ہے۔"میں ایک انسان ہوں، کوئی چیز جو انسانی ہے میرے لیے بیگانہ نہیں ہے، مجھ سے دور یا جدا نہیں ہے۔"ٹرینس کے اس قول کو رابندر ناتھ ٹیگور کے لیے بھی استعمال کیا جاسکتا ہے۔ ٹیگور کی شاعری کا جائزہ لیتے ہوئے شانتی بھٹاچاریہ لکھتے ہیں:

"ٹیگور کی شاعری اتنی ہی بنگالی ہے جتنا کہ وہ ہندوستانی ہے اور اس کی اکثریت اتنا ہی ہندوستانی ہے جتنا کہ وہ بین الاقوامی چونکہ انھوں نے اتھاہ گہرائی میں ڈوب کر کہا ہے، اس گہرائی میں جہاں ابدی زندگی کی نہریں بہتی ہوں، زندگی کی بنیادی اور انتہائی، دونوں شکلیں جہاں رواں دواں ہے۔"

(شانتی بھٹاچاریہ، تاریخ بنگلہ ادب، مارچ۱۹۷۸، ص ۴۸۳)

انیسویں صدی کی آخری دہائی سے اپنے شعری سفر کا آغاز کرنے والے اقبال نے اپنی شاعری سے تصور عشق اور فلسفۂ خودی کا جو نظریہ پیش کیا وہ اردو کے لیے اس لیے اہم تھا کہ ان سے قبل کسی بھی شاعر نے اس کو باضابطہ اپنی شاعری کا موضوع نہیں بنایا تھا۔ بقول ڈاکٹر منظر اعجاز:

"فلسفے کی اعلیٰ تعلیم کے ساتھ ساتھ تصوف کے غائر مطالعے سے عقلیت اور وجدان، مذہب اور سیاست سبھی اقبال کی ذہنی تعمیر و تخمیر میں نہایت ہی متوازن طور پر جمع ہوئے ہیں، ان میں نہ صرف یہ کہ دو مختلف فکری دھارے ملتے ہیں اور ارتباط قائم کرتے ہیں بلکہ دو نسلی لاشعوری رجحانات و میلانات جو مختلف تہذیبی فضا اور مختلف قسم کی تہذیبی روایات کے حامل ہیں۔"

(اقبال، عصری تناظر، ڈاکٹر منظر اعجاز، صفحہ ۹-)

اقبال کی شاعری میں مختلف رجحانات اور میلانات ایک دوسرے سے مربوط نظر آتا ہے۔ اقبال کو اپنے ہندستانی ہونے پر ہمیشہ فخر رہا اور انھوں نے بار بار اس کا اعتراف بھی کیا ہے۔ دو شعر دیکھئے:

ورثہ میں ہم کو آئی ہے آدم کی جائداد
جو ہے وطن ہمارا وہ جنت نظیر ہے
مرا بنگر کہ در ہندوستان دیگر نمی بینی
برہمن زادۂ رمز آشنائے روم و تبریز است

اقبال کی شاعری میں نازک خیالی اور بلند پروازی کے ساتھ ساتھ ان کے یہاں جدت طرازی بھی نظر آتی ہے۔ وہ فلسفہ اور حکمت کے ماہر تھے۔ ابتدا میں اقبال نے غزل کی عام روایت کے مطابق عشق مجازی کا ہی اپنی موضوع بنایا مگر بعد میں ان کے نظریے میں ایک واضح تبدیلی آئی اور انھوں نے اپنی شاعری سے مذہبی تعلیمات اور حب الوطنی کے جذبے کو فروغ دیا۔ اقبال نے اپنی بلندیٔ فکر سے ہر کسی کو متاثر کیا، جہاں تک حب الوطنی کا سوال ہے تو اس کی مثالیں ان کی کلیات میں جابجا آسانی سے نظر آجاتی ہیں۔

اے ہمالہ! اے فصیل کشور ہندوستاں!
چومتا ہے تیری پیشانی کو جھک کر آسماں

ترانہ ہندی تو حب الوطنی کے جذبات سے لبریز ہے۔

سارے جہاں سے اچھا ہندوستاں ہمارا
ہم بلبلیں ہیں اس کی یہ گلستاں ہمارا

اقبال کی نظم "ترانہ ہندی کا ہر شعر اپنے وطن سے محبت اور لگاؤ کا غماز ہے۔ ہندستنا کی تاریخ و تہذیب کو اقبال نہایت خوبصورت پیرائے میں پیش کیا ہے۔

بہر حال ٹیگور اور اقبال میں بہت سی خوبیاں ہیں جو انھیں ایک دوسرے سے قریب کرتی ہیں، یہاں اس چھوٹے سے مضمون میں ان دونوں کی شاعری کے تمام گوشے پر گفتگو کرنا مناسب نہیں ہے، لہٰذا میں نے کوشش کی ہے کہ اس مضمون سے ٹیگور اور اقبال کے نزدیک قومیت کا تصور کیا ہے؟ قومیت کے مسئلے پر ان دونوں کے یہاں کچھ مماثلتیں پائی جاتی ہیں یا ان دونوں کے نزدیک قومیت کا مسئلہ جدا جدا ہے اس کو واضح کر سکوں۔

رابندر ناتھ ٹیگور کی شخصیت میں بہت سی رنگ برنگی خوبیاں موجود تھیں، جہاں تک قومیت کا مسئلہ ہےتو ان کا نظریہ اس حوالے سے بالکل واضح تھا وہ اکثر کہا کرتے تھے "اگر تم عزت کے ساتھ زندگی بسر کرنا چاہتے ہو تو اپنی جانیں قربان کرنے کے لیے تیار ہو جاؤ۔" دراصل ٹیگور قوم پرستی، تزکیہ نفس اور خود پر اعتماد کو زندگی کے لیے بہت اہم قرار دیتے ہیں۔ ان کا خیال تھا کہ جب تک ہندوستان کا ہر طبقہ اپنے اندر سے بے حسی، کاہلی اور مردہ دلی کو دور نہ کرلے، ملک کو صحیح معنوں میں آزاد نہیں کیا جاسکتا۔ Pebra Confrence کے موقعہ پر ایک قومی رہنما سے بات کرتے ہوئے انھوں نے کہا تھا کہ:

"ہم لوگ اگر ملک کی قومی تحریک کو واقعی کامیاب بنانا چاہتے ہیں تو سب سے پہلے ہم کو نچلے طبقے کے لوگوں میں خودداری کا احساس پیدا کرنا ہوگا اور ان کو صحیح معنوں میں انسان بنانا پڑے گا۔"

(ٹیگور بحیثیت قوم پرست، ابوالحیات، رابندر ناتھ ٹیگور، فکر وفن کے ہزار رنگ، ص ۹۰)

ٹیگور نے یہ باتیں ۱۹۰۵ کے آس پاس کہی تھیں، یہ وہی زمانہ ہے جب لارڈ کرزن نے ہندو اور مسلم کے مابین نفرت کی ایک گہری کھائی بنانے کے لیے مذہب کے نام پر بنگال کو دو حصوں میں تقسیم کر دیا تھا۔ بنگال کی اس تقسیم نے بنگال کے ساتھ ساتھ پورے ملک کو متاثر کیا۔ ایسے نازک اور ناسازگار حالت میں ٹیگور جیسا شخص بھلا کیسے خاموش رہ سکتا تھا۔ ۱۶ اگست ۱۹۰۵ کو ٹیگور کی رہنمائی میں ایک احتجاجی جلوس نکالا گیا، لوگوں کا مطالبہ تھا کہ انگریزی حکومت تقسیم بنگال کے فیصلے کو جلد از جلد واپس لے۔ ٹیگور نے اپنی شاعری کے ذریعہ بھی عوام کو بیدار کرنے کی کوشش کی۔ ابوالحیات اپنے مضمون 'ٹیگور: بحیثیت قوم پرست' میں لکھتے ہیں:

"میں بلا تامل کہہ سکتا ہوں کہ ٹیگور نے اپنی بے شمار نظموں کے ذریعہ اپنی قوم کے دلوں میں حب الوطنی اور ملت پروری کے بیج بوئے ہیں۔ اُن کی قوم پرستی کا معیار ان نظموں سے ہی قائم کیا جاسکتا ہے۔ ان کی نظموں نے ہندوستان کے ہزاروں خوف زدہ لوگوں کے دل میں ہمت پیدا کر دی تھی اور جو لوگ بے راہ روی کا شکار ہو رہے تھے۔ اُن کی رہنمائی کی تھی۔"

(ٹیگور: بحیثیت قوم پرست، ابوالحیات، رسالہ 'آجکل' مئی ۱۹۶۱)

ابوالحیات نے ٹیگور کی جن صفات کا ذکر کیا ہے وہ ان کی شاعری میں موجود ہے۔ ٹیگور کی نظم سے چند اشعار دیکھئے۔

چلو آگے چلو آگے چلو آگے مرے بھائی
سفر میں زندگی کے قافلوں سے پیچھے رہ جانا
جو سچ پو چھو تو جیتے جی ہے گویا موت کا آنا
فقط جی جی کے مر جانا نہیں مقصد ہے جینے کا

ہے جینا نام جام آرزو بھر بھر کے پینے کا
چلو آگے چلو آگے چلو آگے مرے بھائی

ٹیگور کا ایک مضمون بنگالی رسالہ 'پرباسی' میں ۱۹۳۱ میں شائع ہوا تھا، اس مضمون کا عنوان 'ہندو مسلم' تھا۔ مذکورہ مضمون میں ٹیگور نے ہندو مسلم اتحاد کی ضرورت اور اہمیت پر زور دیتے ہوئے لکھا ہے۔

"جس ملک میں خاص کر مذہب کی بنیاد پر ہی لوگ پہچانے جاتے ہیں۔ مذہب ہی جہاں اتحاد اور ملن کا پل ہو، جہاں کوئی اور بندھن ان کو آپس میں باندھ رکھنے میں کامیاب نہیں ہوتا، وہ ملک نہایت ہی بدنصیب ہے، وہ ملک مذہب کی بنیاد پر جو بھید پیدا کرتا ہے وہی اختلاف سب سے زیادہ خطرناک اور تباہ کن ہوتا ہے۔"

(بحوالہ: رابندر ناتھ ٹھاکر: حیات و خدمات، شانتی رنجن بھٹاچاریہ، ص ۱۳۴)

ہندو مسلم اتحاد کی ضرورت اور اہمیت سے ہر کوئی واقف ہے مگر معاصر عہد میں چند ایسے افراد ہیں جو مذہب کے نام پر منافرت پھیلانے کا کام کر رہے ہیں، ضرورت اس بات کی ہے کہ ہم ایسے لوگوں سے باخبر اور ہشیار رہیں۔ ہندو مسلم اس ملک میں دلہن کی دو آنکھ کی طرح ہے اگر اس میں سے کوئی آنکھ بھی خراب ہو تو دلہن کی خوبصورتی زائل ہو جاتی ہے۔ ٹیگور نے ایک موقعہ پر لکھا تھا:

"ایسا ملک جہاں لوگوں کو متحد کرنے کی اصل بنیاد مذہب ہو، وہ ملک بے شک بدقسمت ملک ہے۔ وہ ملک جس کو مذہب کے ذریعے الگ الگ تقسیم کر دیا گیا ہو، وہ دوگنا بدقسمت ہے۔ مختلف مذاہب کے اصل بانیوں نے ایک ایسے عقیدہ کی تبلیغ کی تھی جہاں نوع انسانی سے تقاضا کیا گیا تھا کہ وہ حرص، حسد اور گھمنڈ کو ترک کر دے۔ بعد میں ایک مذہبی عقیدے کے منظم انداز میں قیام نے عظیم بانیوں کی تعلیمات کو مسخ

کر دیا۔ تعلیمات کو تنگ اور کٹھ ملا بنا دیا اور ایسی مسخ تعلیمات نے انسانی تہذیبوں کے ساتھ تباہی و بربادی کا کھیل کھیلا۔"

(مغربی بنگال ٹیگور نمبر۔ ص ۱۲۸)

ٹیگور نے جس بد قسمت ملک کا ذکر کیا ہے بد قسمتی سے وہ ہمارا اپنا ہی ملک ہے۔ ۱۹۴۷ میں آزادی کے ساتھ ہی اس ملک کو مذہب کی بنیاد پر تقسیم کیا گیا تھا اور آج کوئی ۶۷ برس گزر جانے کے بعد بھی یہ دونوں ملک آپس میں لڑ رہے ہیں۔

اقبال کو بھی ٹیگور کی عظمت کا احساس تھا۔ ۱۹۳۲ میں تیسری گول میز کانفرنس میں شرکت کرنے جا رہے اقبال نے اپنا موازنہ ٹیگور سے کرتے ہوئے اپنے دوست سید امجد علی سے کہا تھا:

"ٹیگور اور میرے درمیان صرف اتنا فرق ہے کہ وہ آرام اور سکون کی تبلیغ کرتے ہیں اور عملی طور پر کام کرتے ہیں لیکن میں عمل کی بات کرتا ہوں لیکن خود تساہل برتتا ہوں۔"

(اقبال شاعر اور سیاست داں، ڈاکٹر رفیق زکریا، صفحہ ۴۳)

اقبال اور ٹیگور کے تقابلی مطالعے کا ایک اہم پہلو یہ بھی ہے کہ دونوں محب وطن تھے اور دونوں کو اپنے ملک سے بے انتہا محبت بھی تھی، دونوں کے نزدیک تعمیر وطن ایک اہم مسئلہ تھا لہٰذا وہ آپسی نفرت بھلا کر اتحاد باہمی، محبت اور قوم پرستی کی بنیادوں پر ایک نئے ہندوستان کی تعمیر کا خواب دیکھ رہے تھے۔ اقبال اور ٹیگور دونوں کے یہاں وطن اور اس کے ہر ذرے سے محبت، خلوص اور ایثار کا جذبہ نظر آتا ہے۔ دونوں مناظر فطرت اور مظاہر قدرت کے دلدادہ اور شیدائی تھے۔ دونوں کے کلام میں ایسے بہت سے اشعار مل جاتے ہیں جن میں مناظر فطرت کی خوبصورت تصویر کشی کی گئی ہے، ان اشعار سے ہی ہم یہ اندازہ لگا سکتے ہیں کہ دونوں کو اپنے وطن سے کس قدر محبت تھی۔ ٹیگور کی

نظم 'وسن دھرا' کے اشعار ملاحظہ ہوں۔

میری پرتھوی ہو تم
جگوں جگوں کی، تم نے اپنی گود میں
تجھے لے کر بیکراں آکاش میں
نہ تھکنے والے پیروں سے طواف کیا ہے
نظام شمشی کی ان گنت راتوں اور دنوں
اور قرنوں قرنوں تک، تم نے مجھے اپنی مٹی میں جذب کر لیا ہے
میرے بیچ اُگی ہے تمہاری گھاس، بوجھ کے بوجھ پھول
کھلے میں قطار در قطار، درختوں نے
پتوں، پھولوں، پھلوں اور خوشبوؤں کو برسایا
اسی آج پدماندی کے کنارے ایک عجیب کیفیت میں اکیلا بیٹھا ہوا
پر اشتیاق آنکھیں پھیلا کر
اپنے سارے جسم میں سارے دل میں تمہارا وجود محسوس کرتا ہوں
(ایک سو ایک نظمیں، ترجمہ: فراق گورکھپوری)

ٹیگور کی مذکورہ نظم سے ان کی حب الوطنی کا اندازہ لگایا جاسکتا ہے۔ نظم کے تقریباً تمام اشعار حب الوطنی کے جذبۂ سمندر میں ڈوبی ہوئی ہیں۔ اس طرح کی نظمیں ٹیگور کے یہاں بہت ہیں، مثلاً خواب آبشار، پراتھنا، بھارت تیرتھ، بولاکا، مجھے تم سے محبت ہے اور اے میرے ملک کی مٹی تجھے میر اسلام وغیرہ قابل ذکر ہیں۔

ٹیگور کی طرح اقبال نے بھی اپنے وطن کی خاک اور ذرے ذرے سے محبت کا اظہار کیا ہے اور اپنی شاعری پر نازاں رہے ہیں۔ نظم 'نیاشوالہ' سے ایک شعر دیکھئے:

پتھر کی مورتوں میں سمجھا ہے تو خدا ہے
خاک وطن کا مجھ کو ہر ذرہ دیوتا ہے

علامہ اقبال کو اپنے وطن ہندستان سے اس قدر محبت تھی کہ اس سرزمین کا ذرہ بھی انھیں دیوتاؤں کی طرح محترم اور عزیز تھا۔ اقبال نے اپنی شاعری کے ذریعے سوئے ہوئے قوم اور عوام کو جگانے کی ہر ممکنہ کوشش کی۔ علامہ اقبال کی شاعری کا تعلق ہے تو کلیات اقبال میں ایسی بہت سی نظمیں ہیں جس میں منظر کشی اور پیکر تراشی کا حسین امتزاج نظر آتا ہے۔ ان کی نظم 'ہمالہ' سے چند اشعار ملاحظہ ہوں:

اے ہمالہ داستان اس وقت کی کوئی سنا
سکن آبجائے انساں جب بنا دامن ترا
کچھ بتا اس سیدھی سادی زندگی کا ماجرہ
داغ جس پہ غازہ رنگ تکلف کا نہ تھا
ہاں دکھا دے اے تصور پھر وہ صبح وشام تو
دوڑ پیچھے کی طرف اے گردایام تو

اقبال کی مذکورہ نظم انسان کے مردہ حسیات کو زندہ کرنے اور ان کے اندر وطن اور قوم کی محبت کو پیدا کرنے میں برقی رو کا کام کرتی ہیں۔ یہ نظم وطن سے اقبال کا اولین اور شاید مؤثر ترین مظاہرہ پیش کرتا ہے۔ ہمالہ محض ایک پہاڑ نہیں وہ ہمارے ملک کی تہذیب کا خوبصورت حصہ ہے اور یہ ہمارے ملک کے تحفظ اور سالمیت کی علامت بھی ہے۔ اقبال کی ایک نظم 'نیا شوالہ' ہے جس کا ہر شعر ملک سے محبت کا پتہ دیتا ہے۔ چند اشعار بطور خاص ملاحظہ ہو:

شکتی بھی شانتی بھی بھگتوں کے گیت میں ہے

دھرتی کے واسیوں کی مکتی پریت میں ہے

اقبال کے یہاں ایسی بہت سی نظمیں ہیں جن سے محبت، اخوت اور حب الوطنی کے جذبات ابھرتے ہیں۔ ان نظموں میں تصویر درد، ہندوستانی بچوں کا قومی گیت، ترانہ ہندی اور بڑی حد تک شعاع امید، قابل ذکر ہیں۔ ان نظموں میں جذبۂ حب الوطنی اپنی انتہائی بلندیوں پر ہے۔ ان نظموں میں ہندوستان کی عظمت اور اس کی شاندار تاریخ کو جس والہانہ دلچسپی اور شگفتگی کے ساتھ پیش کیا گیا ہے اس کی مثال ملنی مشکل ہے۔

ہندوستان جیسے اکثر المذاہب ملک میں مذہبی رواداری اور آپسی محبت کا ہونا بہت ضروری ہے ورنہ آئے دن فسادات ہوتے رہیں گے۔ ہندوستان کی تاریخ کے مطالعہ کے بعد ہمیں اندازہ ہوتا ہے کہ آزادی کے بعد کس قدر ہندو مسلم فساد ہوئے۔ ہر دور میں کم وبیش تمام ہی شاعر و ادیب نے قومی اتحاد، ہندو مسلم تعلقات کو بہتر بنانے اور مذہبی کٹرپن کے خلاف آواز بلند کیا ہے۔ ٹیگور اور اقبال نے بھی اس موضوع پر بہت کچھ لکھا۔ ٹیگور نے اپنے ایک مضمون میں لکھا تھا:

"ہم ایک عظیم اور شریف ملک کی تعمیر کرنے کا انتظار کر رہے ہیں کون ہیں ہم؟ کیا بنگالی، کیا مرہٹی یا پنجابی ہیں؟ کیا ہم ہندو ہیں یا مسلمان ہیں؟ جب ہم اپنے دلوں پر ہاتھ رکھ کر یہ کہنے کے قابل ہو جائیں گے کہ ہم ہندوستانی ہیں، تب ہی جاکر ہم اس سرزمین کے سچے آقا بن پائیں گے۔"

(بحوالہ: ڈاکٹر گوتم چٹرجی، مغربی بنگال ٹیگور نمبر، ۱۵ جولائی ۲۰۱۰)

علامہ اقبال کا نظریہ قومیت بہت واضح تھا، ان کی نظر میں انسان کوئی بھی ہو کسی بھی مذہب سے تعلق رکھتا ہو کوئی بھی زبان بولتا ہو وہ سب اللہ کے بندے ہیں اور اللہ کی نظر میں کوئی شخص بڑا یا چھوٹا نہیں ہوتا۔ انسان اپنے اعمال سے اللہ کی نظر میں اچھا اور

خراب ہو سکتا ہے۔ اقبال نے مذہبی شدت پسندی کی جگہ حب الوطنی کو فوقیت دی، وہ اس بات پر زور دیتے ہیں کہ:

مذہب نہیں سکھاتا، آپس میں بیر رکھنا
ہندی ہیں ہم وطن ہے، ہندوستان ہمارا

ایک اور بند دیکھئے:

اس دور میں مئے اور ہے جام اور جم اور

ساقی نے بنائی روش لطف و ستم اور
مسلم نے بھی تعمیر کیا اپنا حرم اور
تہذیب کے آزر نے ترشوائے صنم اور

ان تازہ خداؤں میں بڑا سب سے وطن ہے
جو پیرہن اس کا ہے وہ مذہب کا کفن ہے

اقبال کا نظریہ خالص اسلامی تھا، ایک حدیث ہے 'حب الوطنی جز الایمان' یعنی وطن کی محبت ایمان کا حصہ ہے۔ قرآن کے علاوہ دوسری مذہبی کتابوں میں بھی آپسی اتحاد پر زور دیا گیا ہے۔ اقبال نے بھی اپنی شاعری کے ذریعے محبت، اخوت اور اتحاد پر زور دیا ہے۔ اقبال کا خیال تھا کہ خوش حال زندگی اور آزادی کے لیے ضروری ہے کہ ہندو مسلم متحد ہو کر رہیں۔ مذہب کے نام پر منافرت پھیلانے والوں کو اقبال پر اقبال نے سخت تنقید کی ہے۔ نیا شوالہ سے چند اشعار ملاحظہ ہو:

سچ کہہ دوں اے برہمن! گر تو برا نہ مانے

تیرے صنم کدوں کے بت ہو گئے پرانے
اپنوں سے بیر رکھنا تو نے بتوں سے سیکھا
جنگ و جدل سکھایا واعظ کو بھی خدا نے
تنگ آ کے میں نے آخر دیر و حرم کو چھوڑا
واعظ کا وعظ چھوڑا، چھوڑے ترے فسانے
پتھر کی مورتوں میں سمجھا ہے تو خدا ہے
خاک وطن کا مجھ کو ہر ذرہ دیوتا ہے

اقبال کا خیال تھا کہ مولوی اور پنڈت نے مذہب کے نام پر جو منافرت پھیلانے کا کام کیا ہے، اسی سبب بہت سے لوگ مندر مسجد سے کنارہ کشی اختیار کرلی ہے، یعنی لوگ مذہب سے دور ہوتے جارہے ہیں۔ مذہبی رہنماؤں کی تنگ نظری اور باہمی دشمنی سے ایک بیزاری کا عالم ہے۔ اقبال نفرت پھیلانے والے مولوی اور پنڈت کو مخاطب کرتے ہوئے لکھتے ہیں کہ سنو! میرے لیے وطن کی مٹی اور یہاں کا ذرہ ذرہ دیوتا کی طرح ہے، میرے لیے وطن اہم ہے اور تمام اہل وطن برابر۔ اقبال اپنے ملک اور ملک کے لوگوں سے بلا تفریق مذہب وملت بے انتہا محبت کا جذبہ رکھتے تھے۔ نظم "نیا شوالہ" میں اقبال کا انسانی اقدار کے تئیں جذبہ محبت اپنے عروج پر دکھائی دیتا ہے۔ اقبال نے ہمیشہ ہندو مسلم اتحاد، یگانگت اور یک جہتی کے فروغ دینے کی کوشش کی ہے، یہی ان کا بنیادی تصور تھا جو ان کی شاعری کے ہر دور میں نظر آتا ہے۔

اقبال کی ایک نظم "ترانہ ہندی" بھی ہے۔ اس نظم کا ہر مصرعہ بلکہ ہر لفظ شاعر کی وطن پرستی کی طرف اشارہ کرتا ہے۔ چند متفرق اشعار ملاحظہ کریں:

سارے جہاں سے اچھا ہندستاں ہمارا

ہم بلبلیں ہیں اس کی یہ گلستاں ہمارا
مذہب نہیں سکھاتا آپس میں بیر رکھنا
ہندی ہیں ہم وطن ہے ہندستان ہمارا

نظم 'ترانہ ہندی' کے متعلق خلیفہ عبدالحکیم لکھتے ہیں:

"یہ [ترانہ ہندی] ملک کے طول و عرض میں گونجنے لگا، بعض ہندو مدارس میں بھی مدرسہ شروع ہونے سے قبل طالب علم اس کو کورس میں گاتے تھے۔ ہندستان میں وطنیت کے جذبے جو جس شاعر نے سب سے پہلے گرمایا، وہ اقبال باکمال تھا۔ ہندستان اگر ایک وطن اور ایک قوم بن سکتا تو اقبال کے وطنیت کا کلام اس کے لیے الہامی صحیفہ ہوتا۔"

(فکر اقبال، خلیفہ عبدالحکیم۔ ص ۳۷)

حب الوطنی کے جذبے سے سرشار اقبال کی نظم 'ہندستانی بچوں کا قومی گیت" بھی ہے۔ جس میں اقبال نے ان مایہ ناز اشخاص کا ذکر کیا ہے جن پر تمام ہندستانیوں کو فخر ہے، وہ کہتے ہیں کہ یہ ہندستان کی سرزمین ہے جہاں چشتی اور نانک جیسے مذہبی پیش رو پیدا ہوئے۔ دو بند ملاحظہ ہو:

چشتی نے جس زمیں میں پیغام حق سنایا
نانک نے جس چمن میں وحدت کا گیت گایا
تاتاریوں نے جس کو اپنا وطن بنایا
جس نے حجازیوں سے دشت عرب چھڑایا
میرا وطن وہی ہے میرا وطن وہی ہے
یونانیوں کو جس نے حیران کر دیا تھا

سارے جہاں کو جس نے علم و ہنر دیا تھا
مٹی کو جس کی حق نے زر کا اثر دیا تھا
ترکوں کا جس نے دامن ہیروں سے بھر دیا تھا
میرا وطن وہی ہے، میرا وطن وہی ہے۔

اقبال کی شخصیت کو چند افراد نے متنازعہ بنا دیا۔ چند افراد نے زور اعتقادی کی بنیاد پر اقبال کے نام کے ساتھ رحمتہ اللہ علیہ لگانے لگے تو چند لوگ ایسے بھی تھے جو اقبال کو معتوب اور مردود قرار دیتے ہیں۔ اقبال کو شاعر اسلام کہنے والوں کا بھی ایک طبقہ موجود ہے جب کہ چند ایسے بھی لوگ ہیں جو اقبال کو غدار وطن بتاتے ہیں، اس ضمن میں حکم چند نیر کا اقتباس بڑی اہمیت کا حامل ہے:

"ایسے لوگ بھول جاتے ہیں کہ علامہ اقبال نے اسی دور میں رام اور نانک پر بھی نظمیں لکھیں اور انھیں دل کھول کر خراج عقیدت پیش کیا۔ اگر علامہ اقبال اسلامی شاعر بن گئے تھے تو غیر اسلامی ہستیوں کو خراج عقیدت پیش کرنے کا کیا معنی رکھتا ہے؟ حقیقت یہ ہے کہ انھوں نے کسی سطح پر ہندوستانی یا ہندوؤں کے فلسفیانہ افکار و خیالات، کمالات اور دوسری اعلیٰ ذہنی اور تمدنی قدروں سے انکار و انحراف نہیں کیا۔"

(بحوالہ: اقبال عصری تناظر، صفحہ ۲۴۳)

مجموعی طور پر ٹیگور اور اقبال دونوں نے اپنی شاعری کے ذریعے حب الوطنی کو فروغ دینے کی کوشش کی، دونوں انسانیت کے اعلی اقدار کے تحفظ پر زور دیتے ہیں۔ اقبال اور ٹیگور نے اپنی شاعری سے سوئے ہوئے قوم کو بیدار کرنے کا جو انوکھا راستہ اختیار کیا تھا اس کی ضرورت آج بھی قائم ہے۔ اسے تاریخ کا المیہ ہے کہ ایک ہی عہد کے ان دو بڑے شاعروں کے درمیان کوئی ملاقات نہیں ہوئی۔ حالانکہ دونوں کے دل میں

ایک دوسرے کے لیے محبت و احترام کا جذبہ بھرا ہوا تھا۔ آخر میں اقبال کا یہ شعر یاد آتا ہے:

ہو میرے دم سے یونہی میرے وطن کی زینت
جس طرح پھول سے ہوتی ہے چمن کی زینت

٭٭٭

اقبال شناسی کا بحران

خورشید ندیم

یہ تین چار دن پہلے کی بات ہے۔ پی ٹی وی نے یومِ اقبال پر خصوصی پروگرام کا ارادہ کیا اور اس کی میزبانی مجھے سونپی تو ان صاحبانِ علم کی تلاش شروع ہوئی جو اقبال پر حسبِ عنوان گفتگو کر سکیں۔ عنوان تھا: "علامہ اقبال اور فکرِ اسلامی کی تشکیلِ نو"۔

یہ عنوان تین طرح کی علمی مہارتوں کا متقاضی ہے: اقبالیات' فکرِ اسلامی اور فقہ۔ نئی نسل کے لیے عرض ہے کہ اقبال کے علمی مقام کے تعین میں ان کے خطبات کی حیثیت عمود کی ہے۔ ان خطبات میں انہوں نے یہ بتایا ہے کہ اُن کے عہد کے علمی معیارات اور مطالبات کیا ہے اور اسلام کو بطورِ فکر' اگر اپنا وجود ثابت کرنا ہے تو اس کی ایسی تعبیر ناگزیر ہے جو ان معیارات پر پورا اترتی اور ان مطالبات کو پورا کرتی ہو۔

علامہ اقبال نے علم بالحواس اور مذہبی تجربے کے مابین تطبیق سے لے کر' فقہ کی نئی تشکیل تک' ان اہم فلسفیانہ اور فکری مباحث کو ان خطبات میں سمیٹا ہے' جن پر بات کرنا' ان کے خیال میں ناگزیر تھا۔ ان موضوعات پر کلام کے لیے نظم کے بجائے نثر ہی کا اسلوب موزوں تھا۔ یہ گویا ایک نیا علمِ کلام ترتیب دینا ہے۔ یہ خطبات برصغیر کی علمی فضا میں ایک نئی آواز تھی۔ روایتی دینی طبقے نے انہیں مسترد کر دیا۔ اس طبقے نے اقبال کو دین کا مستند شارح یا ترجمان ماننے سے انکار کیا' جس پر وہ اب بھی قائم ہے۔ 'اقبالیات' کے

موضوع پر کلام کرنے کے لیے ضروری ہے کہ ان خطبات پر نظر ہو۔

دوسری مہارت ہے 'فکرِ اسلامی'۔ اس کا تعلق اسلام کی تعبیر و تشریح سے ہے۔ اسلام ایک دین ہے۔ اہلِ علم نے اس کو سمجھا۔ اس کے مقاصد کا تعین کیا۔ اس کی تعلیمات میں ایک ربط تلاش کیا اور اسے ایک بیانیے کی صورت دی۔ یہ دین کا انسانی فہم ہے۔ اس کے لیے اگر ہم ایک ترکیب اختیار کریں تو یہ 'فکرِ اسلامی' ہے۔ میں جس ٹی وی پروگرام کا ذکر کر رہا ہوں' اس میں شرکت کے لیے' اس میں مہارت بھی لازم ہے۔

تیسری مہارت فقہ ہے۔ علامہ اقبال نے اس موضوع پر الگ سے خطبہ دیا ہے کہ مسلمانوں میں فقہی روایت کیسے آگے بڑھی اور دورِ جدید میں دینی نصوص سے استنباطِ احکام کیسے ہو گا؟ مثال کے طور پر اصولِ فقہ میں جس اجماع کا ذکر ہوتا ہے' دورِ حاضر میں اس کی کیا صورت ممکن ہو گی یا احادیث سے کیسے احکام اخذ ہوں گے؟ اس میں اقبال اُس تجربے کا ذکر کرتے اور اس کی طرف اپنا میلان ظاہر کرتے ہیں جو ترکی میں ہو رہا تھا۔ 'علامہ اقبال اور فکرِ اسلامی کی تشکیلِ جدید' جیسے موضوع پر اظہارِ خیال کے لیے اس فقہی روایت سے آگہی بھی ناگزیر ہے۔

جب پروگرام کے لیے ماہرین کی تلاش شروع ہوئی تو چند ناموں کے بعد حافظے نے ساتھ چھوڑ دیا۔ پروفیسر فتح محمد ملک' ڈاکٹر خالد مسعود اور دو' تین نام اور۔ بطورِ خاص ان علما کو ڈھونڈنے کی کوشش ہوئی جو ان خطبات پر روایتی علما کے نقطۂ نظر کو بیان کر سکیں جو سید سلیمان ندوی اور اقبال کے دیگر معاصرین سے منسوب ہے' تو کوئی ایک نام ایسا نہ مل سکا جو اس روایتی نقطۂ نظر ہی کو بیان کر سکے۔ میں راولپنڈی اسلام آباد کی بات کر رہا ہوں۔ لاہور میں صورتِ حال قدرے بہتر تھی مگر وہاں بھی یہ فہرست شاید دس سے آگے نہ بڑھ پاتی۔ مزید صدمے کی یہ بات سامنے آئی کہ ان موضوعات پر بات کرنے والے نوے فیصد لوگ وہ ہیں جو عمر کے آخری دور میں داخل ہو چکے۔ ان کی عمر ساٹھ

سال سے زیادہ ہے۔ نئی نسل میں شاید ہی کوئی ایسا نام تلاش کیا جا سکے جو ان موضوعات پر گفتگو کی اہلیت رکھتا ہو۔ اس سے اندازہ کیا جا سکتا ہے کہ آنے والے ماہ و سال میں ہمارے ہاں اقبال شناسی کی صورت کیا ہو گی۔

انسان کا تہذیبی وجود کسی خلا میں تشکیل نہیں پاتا۔ جس طرح اس کا مادی وجود زندہ رہنے کے لیے سہاروں کا محتاج ہے اسی طرح اس کا تہذیبی وجود بھی سہاروں ہی سے قائم رہتا ہے۔ یہ زمان و مکان سے ماورا بھی نہیں ہوتا۔ اس کا ماضی ہوتا ہے' حال جس کی کوکھ سے جنم لیتا ہے۔ ماضی تبدیل نہیں ہو سکتا اور وہی انسان کے تہذیبی وجود کے لیے بطور اساس بروئے کار آتا ہے۔ یہ ماضی اقبال جیسی شخصیات کے ساتھ وابستگی سے میسر آ سکتا ہے۔ بصورتِ دیگر ایک خلا ہے۔ اس خلا کا مطلب ہے حافظے سے محرومی۔

دینی مدارس کی یہ خدمت تو مسلم ہے کہ انہوں نے مسلمانوں کی نئی نسل کو ماضی کی دینی علمی روایت سے جوڑے رکھا ہے۔ آج اگر ابن کثیر و سیوطی اور بخاری و مسلم' ہمارے لیے اجنبی نہیں ہیں تو اس کی وجہ یہی مدراس ہیں۔ علامہ اقبال کا کوئی جانشین نہیں تھا۔ ریاست نے سنگ و خشت کی ڈھیر کھڑے کر کے یہ خیال کیا کہ اقبال ہماری روایت کا حصہ بن جائیں گے۔ یا اردو کی نصابی کتاب میں ایک آدھ نظم شامل کرنے سے ہماری نسلیں اقبال شناس بن جائیں گی۔ اقبال شناسی' اقبال کو اپنانے سے ہوتی ہے جیسے مدارس نے مفسرین' محدثین اور فقہا کو اپنا لیا۔

ہمارے نصاب میں اقبال کو جس طرح شامل کیا گیا'اس سے طالب علم صرف دو باتیں جان پاتا ہے۔ ایک یہ کہ اقبال نے پاکستان کا خواب دیکھا۔ دوسرا یہ کہ وہ شاعر تھے۔ اقبال اس کے علاوہ بھی کچھ تھے'وہ ساری زندگی اس سے بے خبر رہتا ہے۔ کیا انہوں نے نثر میں بھی کچھ لکھا؟ ان کے خطبات کی اسلامی فکر کی تاریخ میں کیا اہمیت ہے'وہ کبھی نہیں جان سکتا۔ علامہ اقبال نے جب علی گڑھ کے طلبہ کے سامنے یہ خطبات

پڑھے تو ڈاکٹر سید ظفر الحسن' صدر شعبہ فلسفہ نے اپنے خطبہ صدارت میں اپنے تاثرات بیان کیے۔ ان کا کہنا تھا کہ ہمارے علما نے صدیوں پہلے یونانی فلسفہ و سائنس کے روبرو جو علمی کارنامہ سرانجام دیا تھا' اقبال نے وہی کارنامہ اپنے عہد میں سرانجام دیا۔

اس کا یہ مطلب ہر گز نہیں کہ ان خطبات میں کچھ قابلِ نقد نہیں ہے۔ ان پر اہلِ علم کی تنقیدات موجود ہیں۔ خود اقبال نے ان کے دیباچے ہی میں واضح کر دیا تھا کہ فکر و فلسفہ میں کوئی بات حرفِ آخر نہیں ہوتی۔ اقبال کا کارنامہ یہ نہیں کہ انہوں نے ہر سوال کا درست جواب دے دیا' ان کا اصل کارنامہ یہ ہے کہ انہوں نے ایک ایسی ضرورت کو نمایاں کیا اور اس پر بحث کا دروازہ کھولا' جس کے بغیر مسلمان اپنے تہذیبی و دینی وجود کو برقرار نہیں رکھ سکتے تھے۔ یہ اپنی جگہ ایک غیر معمولی کام ہے۔

اقبال کے اس علمی کارنامے سے ہم کس طرح بے خبر ہیں' اس کا اندازہ مجھے اقبال پر ٹی وی پروگرام کے لیے ماہرین کی تلاش سے ہو گیا۔ اقبال کا معاملہ مذہب کی طرح ہے۔ نمائش کے لیے ہم بہت سے مظاہر پیش کر سکتے ہیں لیکن مذہب کے ساتھ حقیقی وابستگی کا سراغ کہیں نہیں ملتا۔ اقبال ہمارے ماضی اور مستقبل کے مابین ایک رابطہ ہیں جو ہمیں روایت سے جوڑتے ہوئے' اپنے عہد میں جینے کا سلیقہ سکھانا چاہتے ہیں۔ ہمارا تہذیبی وجود اس طرح باقی رہ سکتا ہے۔ روایت سے کٹنے کا مطلب خلا میں معلق ہونا ہے۔ جدید سے بے نیاز ہو کر ہم بقا کے لوازم سے محروم ہو جاتے ہیں۔ ان دونوں کا رشتہ اسی وقت باقی رہے گا جب یہ رابطہ باقی رہے گا۔

مشرق سے ہو بیزار نہ مغرب سے حذر کر
فطرت کا اشارہ ہے کہ ہر شب کو سحر کر

***